INHALTSVERZEICHNIS

GUNHILD BECKER ERLEBNISREISEFÜHRER

Sylt
mit Kindern

DER BELIEBTE FAMILIEN-KLASSIKER
IN ÜBERARBEITETER NEUAUFLAGE

ISENSEE VERLAG · OLDENBURG

Die Autorin

Gunhild Becker, Jahrgang 1974 und in Dortmund aufgewachsen, verbringt seit ihrer frühsten Kindheit regelmäßig mehrere Wochen im Jahr auf Sylt. Seit 2006 lebt die promovierte Juristin mit ihrer Familie in Lüneburg und arbeitet dort als Richterin am Verwaltungsgericht sowie als freie Autorin.

Schreiben Sie ihr: Anmerkungen, Ergänzungen, Lob und Kritik gerne per E-Mail an: **SyltmitKindern@web.de**

Hinweise

Alle genannten **Kosten- und Preisangaben** beziehen sich auf den **Stand März 2016**; spätere Veränderungen können nicht ausgeschlossen werden. Soweit nichts anderes angegeben, beziehen sich die Angaben auf **eine Person** (Erwachsener oder Kind). Die hinter den Adressangaben befindlichen **bunten Quadrate in eckigen Klammern** dienen der örtlichen Orientierung. Sie beziehen sich auf die jeweiligen **Orte der Insel**, die auf der Karte am Ende des Buches (s. S. 89) abgebildet sind (z. B. [ ] für Westerland).

Bildnachweise

Hauptteil: Adler Schiffe (53, 54), Erlebniszentrum Naturgewalten (51, 52), Fußballschule Rummenigge (40), Gunhild Becker (10, 12, 15, 16, 19, 20, 21, 22, 23, 24, 25, 26, 27, 28, 29, 30, 32, 34, 43, 44, 45, 46, 47, 52, 54, 55, 56, 57, 58, 59, 60, 62, 65, 66, 70, 72, 73, 74, 76, 77, 78, 79, 80, 81, 82, 83, 84, 85, 86, 89), ISTS (39, 48, 64, 65, 67, 69, 84), Kiteschule List (35, 36), Kurverwaltung List (18, 21, 75), Lucky's Bowling (44), Matthias Poppek (73), Restaurant Jörg Müller (63), Schutzstation Wattenmeer (71), Seventhsky (49), Stepmap de (13, 90), Surfschule Sunset Beach (35), Sylt Aquarium (50), Tennisclub Westerland (41), Tourismus-Service Hörnum (59), Tourismus-Service Kampen (86), Vfl Bochum (40), Youksakka (47).

Umschlag (von oben nach unten):
Vorne: Gunhild Becker (2x), Sylt Aquarium, Gunhild Becker (2x), ISTS, Surfschule Sunset Beach, Adler Schiffe, Gunhild Becker
Hinten: Gunhild Becker, ISTS (2x), Youksakka, ISTS (3x), Gunhild Becker

Top 10 (nach Nr. der Bilder): S. 7: ISTS (1, 2), Gunhild Becker (3, 4, 7), Kiteschule Sylt (6), Restaurant Jörg Müller (10); S. 8: Erlebniszentrum Naturgewalten (1), ISTS (2), Sylt Aquarium (3), Gunhild Becker (4-7); S. 9: Gunhild Becker (1-4, 7, 9), ISTS (5).

Bibliografische Information der Deutschen Bibliothek

Die Deutsche Bibliothek verzeichnet diese Publikation in der Deutschen Nationalbibliografie; detaillierte bibliografische Daten sind im Internet über <http://dnb.ddb.de> abrufbar.

ISBN 978-3-7308-1250-1

© 2016 Isensee Verlag, Haarenstraße 20, 26122 Oldenburg –
Alle Rechte vorbehalten
Gedruckt bei Isensee in Oldenburg

Grüne Recken vor dem Westerländer Bahnhof

TOP-10

DER VERANSTALTUNGEN IM JAHRESVERLAUF

1. Neujahrsbaden (S. 64)

2. Biikebrennen (S. 64)

3. Ostereierlauf und Osterfeuer (S. 64 f.)

4. InselCircus (S. 71 ff.)

5. Mitsommernachts-wanderung (S. 70)

6. Surf-Cup (S. 66)

7. Sommerliche Dorf- und Hafenfeste (S. 65)

8. Fun Beach (S. 66), Kinder-Strandolympiade (S. 73) und Strandanima-tion (S. 66)

9. Mittelalter- und Herbstmarkt (S. 69)

10. Weihnachtsmärkte (S. 63 f.)

TOP-10

FÜR REGENTAGE

1. Erlebniszentrum Naturgewalten (S. 51 f.)

2. Sylter Welle (S. 31)

3. Aquarium (S. 50 f.)

4. Bouldern, Pumptrack und Funsport in der Norddörfer Halle (S. 43 f.)

5. InselCircus (S. 71 f.)

6. Arche Wattenmeer (S. 58)

7. Villa Kunterbunt, Confetti und Kampino Kinderclub (S. 84 f.)

8. Altfriesisches Haus und Heimatmuseum (S. 59 f.)

9. Schokoladenseminar (S. 68)

10. Bernsteinschleifen (S. 71)

TOP-10

FÜR LOW-BUDGET

1. Luftkissen-Springen (S. 45)

2. Fun Beach (S. 66), Kindernachmittage am Strand (S. 73), Strandanimation und Kinder-Strandolympiade (S. 74)

3. Arche Wattenmeer (S. 58)

4. Bouldern, Pumptrack und Funsport in der Norddörfer Halle (S. 43 f.)

5. Wattwanderungen (S. 47 f.)

6. Leuchtturm-Besichtigung (S. 58 f.)

7. Feuerwehrmuseum (S. 57)

8. Minigolf (S. 42 f.)

9. Riesen-Brettspiele (S. 43)

10. Eidum Vogelkoje (S. 62)

1. Über die Insel und über dieses Buch

Es gibt wohl kaum eine deutsche Insel, über die bereits so viel geschrieben wurde wie über Sylt. Der Grund dafür ist erstaunlich simpel und einleuchtend: die unglaubliche Vielfältigkeit. Diese ist auch die Ursache des Phänomens, dass Sylt von Prominenten und Naturliebhabern, von Aktivurlaubern und Party-Jägern, von Familien und Senioren, Extremsportlern und Wellnessfans, Campern und Gourmets gleichermaßen geschätzt und geliebt wird.

Ein weiterer Aspekt, der in der medialen Darstellung allerdings meistens weniger beachtet wird, ist das **riesige Angebot,** welches die Insel für **Kinder und Familien** bereithält. Kennen Sie den schönsten Spielplatz der Insel? Oder wussten Sie, dass die Kleinen im Sommer nicht nur herrlich am insgesamt fast 40 km langen Strand spielen können, sondern auch zwischen mehr als 30 speziell auf Kinder zugeschnittenen Sport- und Freizeitangeboten wählen können? Oder dass es hier Gastronomiebetriebe gibt, die größere und attraktivere Spielplätze haben als so manche Kommune und wieder andere, in denen Kinder auch während des Essens liebevoll betreut werden?

Das Angebot für Kinder ist sogar schon so groß, dass es manchmal schwierig ist, sich einen echten **Überblick** zu verschaffen. Oft sind die Informationen über die jeweiligen Angebote an verschiedenen Stellen verstreut und unterschiedlich gut zugänglich, was teilweise auch mit den komplizierten Verwaltungsstrukturen auf der Insel zu tun hat (s. S. 17 f.). Und genau da setzt dieser besondere Reiseführer an: Er fasst das große Angebot strukturiert und übersichtlich zusammen, gibt Anregungen und **wertvolle Tipps.** Zahlreiche Fotos vermitteln zudem einen guten Eindruck der Gegebenheiten vor Ort und Altersempfehlungen, Angaben zu Kosten/Preisen sowie weiteren Informationsmöglichkeiten (Telefonnummern, Internetseiten) erleichtern die Planung. Dieses Buch ist dabei als Ideengeber für zu Hause und gleichzeitig als praktischer Begleiter für unterwegs gedacht.

2. Urlaubsplanung

Bei der Planung eines Sylt-Urlaubs mit Kindern sollte man sich zunächst über die drei „W´s" Gedanken machen:

1. Wann? **Jahreszeit** des Urlaubs?
2. Wo? In welchem **Ort** der Insel?
3. Wie? Art der Unterkunft?

Die Antworten auf diese Fragen hängen zunächst von den persönlichen Rahmenbedingungen ab. Insofern ist schon die Wahl des optimalen Zeitpunkts kaum pauschal zu beantworten; natürlich hat man im Sommer die größte Chance, möglichst viel Sonne zu tanken. Auch das Angebot an Sport- und Freizeitaktivitäten ist, insbesondere für Kinder und Jugendliche, im Sommer am größten. Damit korrespondieren auch eine größere Anzahl an Touristen und eine entsprechend größere Nachfrage. Wer es demgegenüber lieber etwas ruhiger mag, kann die Vorzüge der Insel auch im Frühjahr oder Herbst genießen; faktisch hat die Insel zu jeder Jahreszeit ihren besonderen Reiz. Zwischen Anfang Januar und Ostern verfällt Sylt – mit Ausnahme der Tage um das Biikebrennen am 21. Februar (s. S. 64) - allerdings partiell in eine Art Winterschlaf. In dieser Zeit kann das eine oder andere Restaurant auch mal geschlossen und das eine oder andere Ausflugsziel nicht oder nur eingeschränkt geöffnet sein.

a) Wann (ist das Wetter am besten)?

Was das **Wetter** angeht, kann man im Frühjahr, Frühsommer und/oder Herbst teilweise genauso viel Glück (oder Unglück) haben wie im Hochsommer; es gab schon Jahre, in denen im Frühling bzw. Frühsommer mehr Sonne schien als während der ganzen Sommerferien. Statistisch gesehen gibt es im Juni die meisten Sonnenstunden und die wenigsten Regentage (siehe Klimatabelle). Aber auch im Hochsommer wird es nur selten über 30°C und meist verhindert der Wind, dass es schwül oder drückend wird. Der Wind sorgt auch dafür, dass sich die (Regen-)Wolken meist viel schneller bewegen als im Binnenland, so dass selbst bei schlechtem Wetter häufig Regenlücken entstehen. Umgekehrt kann man sich auch morgens bei strahlendem Sonnenschein auf den Weg machen, um mittags von einem Schauer überrascht zu werden. Die Winter sind – bezogen auf die Temperaturen – vergleichsweise mild, Schnee ist eher selten. Durch den oft starken Wind sind die gefühlten Temperaturen jedoch häufig viel niedriger.
In jedem Fall gilt zu jeder Jahreszeit: Es gibt kein schlechtes Wetter, sondern nur falsche Kleidung.

	Jan	Feb	März	Apr	Mai	Jun	Jul	Aug	Sep	Okt	Nov	Dez
Maximal-Temperatur	3°	2°	6°	10°	12°	18°	19°	20°	17°	12°	8°	2°
Minimal-Temperatur	0°	-1°	0°	4°	8°	11°	14°	14°	12°	8°	4°	4°
Sonnen-Stunden	2h	3h	4h	6h	7h	9h	8h	7h	5h	3h	2h	2h
Wasser-Temperatur	4°	3°	5°	6°	10°	13°	17°	17°	16°	13°	9°	6°
Regentage	12	9	8	8	7	7	9	12	12	13	14	13

Klimatabelle

b) Wo und wie?

Die Frage, in welchem **Ort der Insel** man wohnen möchte, hängt wiederum primär mit den persönlichen Vorlieben zusammen. Möchte man möglichst nah am Geschehen oder lieber ruhig und idyllisch wohnen? Wer es etwas städtischer mag, findet in Westerland eine gute Ausgangsbasis. Ruhe und dörflichen Charakter bieten besonders Archsum und Morsum, aber auch Keitum, Wenningstedt-Braderup und Tinnum haben idyllische und bezaubernde Ecken. Legt man viel Wert auf die Nähe zu den zwei Meeren, ist Rantum eine gute Wahl, denn dort ist die Insel besonders schmal. Die Nord- und Südlichter – List und Hörnum – sind vor allem von den Häfen geprägt und verfügen über am Wattenmeer gelegene sog. Kinderstrände (s. S. 20).

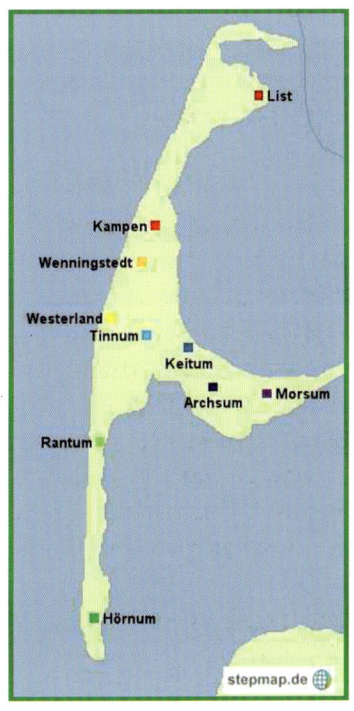

Was die Art der Unterkunft angeht, stehen zahlreiche Ferienwohnungen, Hotels und Campingplätze bereit.

aa) Ferienwohnungen

Bei der Suche nach der geeigneten **Ferienwohnung** bieten die **Gastgeberverzeichnisse** (erhältlich bei den örtlichen Geschäftsstellen, s. S. 17 sowie www.sylt-reisen.de und www.sylt.de) eine gute Orientierung. Allerdings enthalten die Verzeichnisse wenig Angaben zur Kinderfreundlichkeit einer Unterkunft, so dass man ggf. im Einzelnen nachfragen muss, inwieweit die jeweilige Unterkunft auf Kinder eingestellt ist bzw. besonderes Equipment wie Kinderbett, Hochstuhl, Treppengitter etc. vorhanden ist oder auf Nachfrage gestellt werden kann. Ansonsten gibt es aber auch die Möglichkeit, sich das Benötigte auszuleihen (s. S. 16).

bb) Hotels

Im **Hotelbereich** gibt es diverse Einrichtungen, die auf Familien spezialisiert sind bzw. ein besonderes Angebot für diese bereitstellen. So bietet etwa das luxuriöse **Barbian Family House** in Keitum (Keitumer Süderstr. 64a, Tel. 04651-995913, www.barbian-family-house.de) in 7 Themen-Family-Suiten entspanntes Wohnen mit Baby und Kind sowie qualifizierte Baby- und Kinderbetreuung ab 13 Monaten bis 7 Jahren. Das wesentlich größere **Dorint Strandresort & Spa** in Westerland betreibt den hauseigenen Confetti-Kinderclub, in dem den 3- bis 13-Jährigen an 365 Tagen ein abwechslungsreiches Programm geboten wird (s. S. 84 f.). Von morgens bis abends auf Familien eingestellt ist auch das **Dorfhotel** in Rantum (s. S. 79). Dort wohnt man in Apartmenthäusern und kann gleichzeitig von den Vorzügen eines Hotels sowie der hauseigenen Kinderbetreuung im „Resi" profitieren. Über einen Kinder- und Jugendclub verfügt auch das in den Lister Dünen gelegene 5-Sterne Luxus-Hotel **A-Rosa** (Listlandstr. 11, Tel. 04651-967500, www.resort.a-rosa.de).

cc) Camping

Kinder-, budgetfreundlich und naturnah kann man auf einem der **Campingplätze** in Westerland (Rantumer Straße, Tel. 04651-836160, www.campingplatz-westerland.de), Tinnum (Ziegeleiweg 18, Tel. 04651-3607, www.campingplatz-suedhoern.de), Rantum (Hörnumer Str. 3, Tel. 04651-8892008, www.camping-rantum.de), Hörnum (Rantumer Str. 31, Tel. 04651-8358431, www.hoernum.de), Wenningstedt-Braderup (Osetal 3, Tel. 04651-944004, www.campingplatz.wenningstedt.de) oder Kampen (Möwenweg 4, Tel. 04651-42086, www.campen-in-kampen.de) seine Zelte aufschlagen. Auf den meisten Campingplätzen wird auch familienfreundliche Gastronomie (s. S. 76 u. 80 f.) angeboten, falls der Campingkocher mal kalt bleiben soll. Für Jugendliche, die auf der Insel zugleich Urlaub von ihren Eltern machen möchten, gibt es das besondere Angebot des **Jugendzeltplatzes** Dikjen-Deel, 3 km südlich von Westerland (Fischerweg 36-40, Tel. 04651-8357825, www.westerland-jugendzeltplatz.jugendherberge.de). Dort sind Jugendliche zwischen 14 und 18 Jahren auch ohne Eltern willkommen. Mit einer Einwilligungserklärung der Eltern können sie auf dem Zeltplatz campen und die Vollverpflegung der Jugendherberge genießen (ca. 20,00 € für Übernachtung im eigenen Zelt einschließlich Vollpension).

3. Anreise

Ist der Zeitraum gewählt und die Unterkunft gebucht, muss man nur noch irgendwie nach Sylt kommen. Dafür stehen grundsätzlich 3 verschiedene Verkehrsmittel bereit: Die Bahn, das Auto (in Verbindung mit Autozug oder Fähre) oder das Flugzeug; in jedem Fall gilt es, das zwischen dem Festland und der Insel gelegene **Watten-meer zu überwinden**. Die dafür am häufigsten genutzte Möglichkeit ist die Überfahrt über den 1927 fertig gestellten Hindenburgdamm, der die Insel mittels eines Bahndamms mit dem Festland verbindet.

Bahnfahrer müssen sich weder Gedanken machen noch zusätzliches Geld in die Hand nehmen, um das Wasser zu überqueren: Die Züge fahren einfach über den Hindenburgdamm wie über jede andere Strecke; ein Zuschlag oder Aufpreis wird nicht verlangt. Auf der Strecke von Hamburg nach Westerland verkehren sowohl Züge der Deutschen Bundesbahn (DB, Auskünfte zu den Verbindungen an den Kartenschaltern der Bahn bzw. unter www.bahn.de) als auch der Nord-Ostsee-Bahn (NOB, Tel. 0180-1018011, www.nord-ostsee-bahn.de).

Wer mit dem **Auto** kommt, muss sich entscheiden, ob er das Meer mit Hilfe des Autozugs **Sylt Shuttle** von Niebüll nach Westerland oder mit der **Auto-fähre** von Rømø nach List überwinden will. Bei der Frage, welcher dieser Wege vorzugswürdig, also insbesondere schneller und billiger ist, scheiden sich die Geister. So ist einerseits der **Fahrpreis** für einen normalen Pkw mit dem Sylt Shuttle – jedenfalls am Wochenende – etwas höher als der auf der Fähre (www.syltshuttle.de: 77,00 € für die Di-Mi-Do-Hin- und Rückfahrkarte und 90,00 € an den anderen Tagen bzw. www.syltfaehre.de: 79,00 € für Hin- und Rückfahrt, teilweise Rabatte bei Onlinebuchung). Die Fahrt mit dem Autozug dauert mit durchschnittlich 45 Minuten etwas länger als die mit der Fähre (35 Min.). Bei einer Anreise mit der Fähre muss man allerdings bedenken, dass sich die mit dem Auto auf dem Festland zu fahrende Strecke um ca. 40 km verlängert, was Zeit und Sprit kostet. Zudem kommt die Fähre in List an, so dass ggf. auch auf der Insel noch weiter in den (südlicheren) Urlaubsort zu fahren ist. Außerdem gilt beim Sylt Shuttle „first come first serve", und in der Hochsaison können teilweise **Warte-zeiten** entstehen (die häufig auch im Verkehrsfunk durchgegeben werden oder unter Tel. 01805-934567 zu erfragen sind). Demgegenüber kann man bei der Fähre eine bestimmte Überfahrt-Zeit verbindlich buchen, muss sich dann allerdings auch um eine Absage kümmern, falls man im Stau stecken bleibt (Tel. 0461-864601).

Für Kinder, die gerade die Windel losgeworden sind, empfiehlt es sich zudem, vor der Auffahrt auf den Autozug noch einmal die **Toiletten an der Verladestation** zu nutzen. Denn während der Überfahrt kann man – anders als auf der Fähre - das Auto nicht verlassen.

Für **preisbewusste Kurzurlauber** gibt es zudem die Möglichkeit, das Auto (ca. 3,00 € pro Tag) auf dem Parkplatz in Klanxbüll abzustellen und dort für wenige Euros in den Personenzug der Nord-Ostsee-Bahn (NOB, s. o.) umzusteigen.

Wer noch schneller auf die Insel kommen möchte, kann eine der zahlreichen **Flugverbindungen** nutzen. Direktflüge werden u. a. ab Berlin-Tegel, Düsseldorf, Frankfurt, Hamburg, Stuttgart, Köln-Bonn und München angeboten und dauern ca. 1 Stunde (Auskünfte unter Tel. 04651-920612 sowie www.flughafen-sylt.de). Für den Urlaub mit Kind und Kegel in einer Ferienwohnung dürfte dieser Reiseweg allerdings aufgrund der beschränkten Gepäck-Kapazitäten weniger geeignet sein – aber vielleicht kommt der Papa oder die Tante ja am Wochenende mit dem Flugzeug nach?

4. Urlaubsgepäck von A(utositz) bis Z(willingswagen)

Für welche Art der Anreise man sich auch entscheidet, irgendwie muss alles, was man im Urlaub braucht, auf die Insel. Wer mit dem Zug reist, kann z. B. den Gepäck- und Kurierdienst der Bahn nutzen (www.bahn.de). Trotzdem gilt meist unabhängig vom Transportmittel: Die Kapazitäten für das Gepäck sind beschränkt. Dabei gibt es für den Sylt-Urlaub eine einfache und praktische Lösung: Man leiht sich einfach das Benötigte aus. Es gibt diverse **Ausleih-Services**, bei denen man sich das von Familien benötigte Reise-Equipment (Autositz, Hochstuhl, Treppengitter, Reisebett, Kinderwagen, Babyjogger, Rückentrage, Laufrad, Bollerwagen, Fahrradanhänger etc.) tage- oder wochenweise für geringes Entgelt (ab ca. 3,00 € pro Tag) mieten kann. Wer ein bestimmtes Modell bevorzugt, kann auch vorab von zu Hause aus klären, ob es zum Wunschtermin zur Verfügung steht. In der Hochsaison empfiehlt es sich in jedem Fall, rechtzeitig telefonisch oder per Internet zu bestellen bzw. zu reservieren. Teilweise wird auch ein komfortabler **Lieferservice** direkt ins Feriendomizil angeboten. Die Anbieter sind in Westerland VeloQuick (Industrieweg 20, Tel.: 04651-21506, www.veloquick.de) und Harlekin (Strandstr. 6 – 8, Tel.: 04651-201136) sowie in Tinnum das Kinderland (Mittelweg 5, Tel.: 04651-995630), wo man auch Second-Hand-Sachen erwerben kann.

5. Tourismus-Service und Gästekarte

Zentraler Ansprechpartner für alle Fragen von der Unterkunft bis zu aktuellen Veranstaltungen sind die Service-Geschäftsstellen der jeweiligen Inselorte. Westerland, Tinnum, Keitum, Munkmarsch, Archsum, Morsum und Rantum haben sich zum Insel Sylt Tourismus-Service (ISTS) zusammengeschlossen (s. auch die Internetseite der ISTS: www.insel-sylt.de). In den Orten Kampen, Wenningstedt-Braderup und Hörnum gibt es jeweils sog. Tourismus-Services und in List die Kurverwaltung. In diesen Geschäftsstellen erhält man auch das jeweils kostenlose Angebotsjournal sowie die 14-tägig erscheinende TV Sylt, in denen die aktuellen Veranstaltungen aufgeführt und beschrieben sind.

Insgesamt gibt es folgende Geschäftsstellen (von Nord nach Süd - die farbigen Quadrate beziehen sich jeweils auf die Karte auf der hinteren Umschlagseite des Buches):

Ort	Adresse	Tel.: 04651-	Web
List [■]	Landwehrdeich 1	95200	www.list-sylt.de
Kampen [■]	Hauptstr. 12	46980	www.kampen.de
Wenningstedt-Braderup [■]	Strandstr. 25 Westerlandstr. 1	4470 98900	ww.wenningstedt.de
Westerland [■]	Strandstr. 35 Friedrichstr. 44	9980 998340	www.insel-sylt.de
Tinnum [■]	Dirksstr. 11	983711	www.insel-sylt.de
Keitum [■]	Gurtstig 23	2990397	www.insel-sylt.de
Archsum [■]	s. Keitum	s. Keitum	www.insel-sylt.de
Morsum [■]	s. Keitum	s. Keitum	www.insel-sylt.de
Rantum [■]	Strandweg 7	998209	www.rantum.de
Hörnum [■]	Rantumer Str. 20	96260	www.hoernum.de

Tipp: Am besten geht man an einem seiner ersten Urlaubstage bei der nächstgelegenen örtlichen Geschäftsstelle vorbei und deckt sich dort mit dem Informationsmaterial ein. Auch in der Tageszeitung Sylter Rundschau werden unter den Rubriken „Heute auf Sylt", „Junges Sylt" die speziell für Kinder und Jugendliche geeigneten Veranstaltungen tagesaktuell dargestellt (die Sylter Rundschau kann man sich auch per sh:z App aufs iPhone oder iPad laden). Umfangreiche Informationen zur ganzen Insel bietet zudem die Webseite der Sylt Marketing GmbH (www.sylt.de).

Jeder Erwachsene hat eine **Kurabgabe** zu entrichten, die entweder bei den örtlichen Geschäftsstellen oder bei den Vermietern zu zahlen ist. Im Gegenzug erhält er eine **Gästekarte,** die er immer bei sich tragen sollte, um sie an den Strandübergängen den Kontrolleuren vorzeigen und von den Vergünstigungen profitieren zu können, die einige Einrichtungen anbieten (z. B. bei Eintritten in die Sylter Welle (s. S. 31 f.) und das Sylt Aquarium (s. S. 50) sowie bei der Teilnahme an Wattwanderungen (s. S. 47 f.). Die Kurabgabe dient u. a. der Finanzierung von Kureinrichtungen, Freizeitanlagen, Rettungs- und Sicherheitsdiensten am Strand sowie der Pflege der Strände. Faktisch zahlt man die Kurabgabe allerdings für die **Möglichkeit der Nutzung,** also unabhängig davon, ob man tatsächlich an den Strand geht bzw. öffentliche Kureinrichtungen aufsucht. Die Höhe der Kurtaxe hängt von der Jahreszeit ab und variiert zudem von Ort zu Ort (1,60 € bis 3,20 € pro Erw. und Tag bei einem Aufenthalt ab 2 Tagen; einzelne Tageskarten an den Strandübergängen sind teurer). **Kinder** und **Jugendliche** zahlen weniger oder gar nichts, wobei in manchen Orten die Vergünstigung schon mit 12 oder 14, in anderen erst mit 18 Jahren ausläuft.

Tipp:

Wer in Westerland, Tinnum, Keitum, Munkmarsch, Archsum, Morsum oder Rantum wohnt, sollte bei einer Geschäftsstelle des ISTS auch nach der Broschüre „Mehr Vorteile für mich - die Gästekarte der Gemeinde Sylt" fragen. Mit diesem kostenlosen Coupon-Heft bekommt man verschiedene Vergünstigungen oder kleine Extras (z.B. bei den Adler-Schiffen, im Kino, im Bowlingcenter und beim Minigolf).
In List gibt es für Kinder (3-12 J.), die mit ihren Eltern oder Großeltern zwischen Mai und Oktober Urlaub machen, zudem die Kids-Card, mit der sie in verschiedenen Lister Geschäften einen Stempel und kleine Geschenke bekommen.

6. Sylt Special: Strandabschnitte, -übergänge und -körbe

a) Strandabschnitte

Bevor man einen tollen Tag am Strand verbringen kann, hat man zunächst die Qual der Wahl, für welchen Strandabschnitt man sich entscheidet. Naturgemäß sind die sog. Hauptstrände, die jeweils am nächsten zum jeweiligen Ortszentrum liegen und bei denen in der Regel gute

Parkmöglichkeiten bestehen, am meisten besucht. Dies gilt insbesondere für den Hauptstrand in Westerland (Übergang Friedrichstr.) und Wenningstedt (Strandstr./Kliff). Vorteile dieser beliebten und belebten Abschnitte sind meist, dass sowohl **Toiletten** als auch die Kioske, die eine Versorgung mit **Essen**, heißen und kalten Getränken sowie Zeitschriften und Postkarten etc. gewährleisten, in unmittelbarer Nähe sind.

Strandübergang Wonnemeyer in Wenningstedt

Wer es demgegenüber lieber etwas ruhiger mag, wird eher die zwischen den Orten gelegenen Strandabschnitte vorziehen. Dort ist man allerdings mehr auf Alleinversorgung angewiesen und muss meist auf die gerade für Kinder wertvolle Badeaufsicht der DLRG (s. S. 29 f.) verzichten. Ein bei der Auswahl des Strandabschnitts nicht zu vernachlässigender Aspekt ist auch die Frage, wie der **Fußweg** vom Fahrrad- bzw. Pkw-Parkplatz bis zum Strand ausgestaltet ist, da in der Regel die zwischen den Parkplätzen und dem Strand befindlichen **Dünen** zu überwinden sind. Dies kann z. T., insbesondere mit **Kinderwagen** und großem Gepäck, eine kleine (sportliche) Herausforderung darstellen. An den Hauptstränden gibt es (unterschiedlich hohe) Dünen-Treppen. Die höchste ist mit über 90 Stufen die sog. Himmelsleiter in Westerland. An anderen Abschnitten führen Fußwege durch die Dünen, die mal mit Holzplanken ausgelegt sind oder mal aus schlichten Kieselstein-/Sandbelägen bestehen und sich z. T. (z. B. Buhne 16 in Kampen) über mehr als einen Kilometer hinziehen können. Dafür wird man durch die schöne Dünenlandschaft sowie tolle Ausblicke, z. T. auf beide Meere, belohnt. Wer derartige **Wandertouren** allerdings lieber vermeiden und auch nicht auf den Kinderwagen verzichten möchte, findet in Westerland am Übergang südlich der Friedrichstraße (hinter dem Hotel Miramar) sowie am Übergang Risgap in Wenningstedt (Dünenstr., gegenüber der neuen „Gosch-Welle") optimale

(auch rollstuhlgeeignete) Bedingungen. Dort gibt es nämlich jeweils einen vergleichsweise kurzen, **stufenfreien und asphaltierten** bzw. mit Holzplanken ausgestalteten Strandzugang.

Fans der freien Körperkultur werden sich an einem der **FKK-Strände** wohl fühlen. Es ist allerdings auch kein Problem, sich dort mit Badesachen aufzuhalten. **Hunde** sind nur an dafür ausgewiesenen Strandabschnitten erlaubt.

Tipp:

*Die am Wattenmeer gelegenen Strände in **Hörnum** (unterhalb der Hafenstraße) und **List** (am Oststrand) eignen sich besonders für einen Aufenthalt mit kleineren Kindern und werden deshalb teilweise auch **Kinderstrände** genannt. Denn dort fällt der Strand flacher ab, und es ist meist weniger windig als am Weststrand, was Kinder (und kälteempfindliche Mamas) oft zu schätzen wissen. Bei ablaufendem Wasser lassen sich besonders gut kleine Priele für Schiffchen und Flöße bauen, und bei Ebbe*

kann man tolle Muscheln und andere Meeresschätze sammeln. Der Wattstrand in Hörnum ist zudem gut über die asphaltierte Strandpromenade zu erreichen, an der im Hochsommer auch Trampoline, Minigolf-Billard (s. S. 45) sowie Kioske und Crêpes-Buden zum Verweilen einladen. Wer mit dem Auto unterwegs ist, nimmt am besten den nahe gelegenen (kostenpflichtigen) Parkplatz am Hafen. Der Kinderstrand in List ist vom Parkplatz im Hafen Richtung Süden über einen schönen asphaltierten Fuß- und Radweg (ca. 20 Min. zu Fuß) oder von dem Parkplatz in der Straße Mannemorsumtal (ca. 5 Min. zu Fuß) aus zu erreichen.

b) Strandkörbe

Im Sommer stehen an den Sylter Stränden insgesamt ca. 12.000 Inselwahrzeichen: **Strandkörbe**. Sie schützen vor Wind und Sand (und falls gewünscht auch vor Sonne) und stellen eine gute „Home-Base" für einen gelungenen Strandtag dar. Wer schon weiß, wo sein Lieblingsstrandabschnitt ist, kann auch schon von zu Hause aus für die Dauer des Urlaubs einen Strandkorb mieten (unter www.sylt.de/reise-service/strandkorb-buchen; unter www.strandkorb-sylt.de gibt es dazu eine interak-

tive Karte, die nach den einzelnen Strandabschnitten aufgebaut ist). Bei der Buchung von mehreren Tagen reduziert sich der jeweilige Tagespreis; teilweise werden auch erhebliche Frühbucherrabatte geboten. Strandabschnitt-Wechsler können die

Körbe auch tageweise direkt am Strand mieten – an einem sonnigen Tag in der Hochsaison sollte man dann aber nicht zu spät aufstehen. Kostenpunkt je nach Ort und Zeitpunkt der Buchung: Ab ca. 5,50 € (Frühbuchertarif ab 5 Tage Mietdauer) bis ca. 11,00 € (Tagespreis Hauptsaison Westerland). Manche Orte bieten auch familienfreundliche Dreisitzer, diese sind allerdings teurer als die üblichen Zweisitzer.

7. Webcams und Apps

Unter www.webcamsylt.de findet man die jeweils aktuelle Übersicht zu allen auf der Insel installierten Webcams. Für diejenigen, die während der Hochsaison mit dem Autozug anreisen, ist insbesondere die Webcam der Autoverladung interessant – so kann man schon von unterwegs aus mal gucken, wie viele Autos vor einem da sind...

Mittlerweile gibt es neben den unzähligen Internetseiten, die Informationen über die Insel enthalten, auch mehrere Apps. Für Android Nutzer ist insbesondere die kostenlose **iSylt** zu empfehlen, die u. a. vom ISTS gepflegt wird und über die man auch direkt Hotels, Apartments und Veranstaltungstickets buchen kann. Inhaber eines iPads oder iPhones können sich zudem mit der **sh:z App** die Sylter Rundschau (s. S. 17) herunterladen.

II. Spielplätze

Die Insel bietet eine große Anzahl unterschiedlicher Spielplätze. Eine Übersicht kann man sich im Internet ansehen (www.sylt.de/erleben/fa-milien/spass-action/spielplaetze.html). Im Folgenden wird pro Ort mindestens ein Spielplatz mit seinen jeweiligen Besonderheiten dargestellt.

1. Westerland
a) Strandpromenade Villa Kunterbunt
Einer der attraktivsten Spielplätze der Insel ist der Spielplatz vor der Villa Kunterbunt in Westerland: Wunderschön direkt **an der Strandprome-nade** und neben der Sylter Welle (s. S. 31 f.) gelegen, können sich die Kleinen hier richtig austoben, während Mama und Papa den **Meerblick** und die frische Meeresbrise genießen. Bei den zahlreichen Spielgeräten ist für jedes Alter etwas dabei: Von der Klein-Kinder-Station über die Nest-schaukel, das Dreh-Karussell, das Piratenschiff, die Wackelbrücke bis zur großen **Leuchtturmrutsche**. Dort müssen die Kinder zunächst ganz

schön hoch klettern, verschwinden dann für einen Moment im Turm, bis sie schließlich - meist strahlend - angerutscht kommen. Und wer dann

noch nicht genug Bewegung hat, kann nebenan auf dem **riesigen Luftkissen** hüpfen (s. auch S. 45). Praktisch ist auch, dass sich auf der Rückseite der Villa Kunterbunt gepflegte öffentliche **Toiletten** einschließlich einer extra Kindertoilette sowie eine **Wickelmöglichkeit** befinden. **Adresse:** Strandpromenade (zwischen Strandstraße und Brandenburger Platz). [■]

b) Piratenspielplatz am Jap-Peter-Hansen-Wai

Am Ortsrand von Westerland Richtung Tinnum versteckt sich ein weiterer, sehr schöner und großräumiger **Piraten-Abenteuerspielplatz**, der alles bietet, was junge Abenteurer wünschen: Ein Piratenboot, ein großes Klettergerüst mit Wackelbrücken, eine lange Tunnelrutsche, eine Seilbahn, eine **Wasserpumpe** mit Spielstation, verschiedene Schaukeln sowie eine Fläche zum Fußballspielen. Spezielle Kleinkinderbereiche sind nicht vorhanden. **Adresse**: Den autofreien Jap-Peter-Hansen-Wai erreicht man entweder über die Tinnumer Straße oder über den Tinnumer Deichweg (gegenüber der Tennisanlage). [■]

2. Sylter Osten

a) Keitum

Inmitten des idyllischen und verwinkelten Orts Keitum „versteckt" sich ein sehr schöner Spielplatz, mit neuen und gepflegten Spielgeräten: Es gibt eine attraktive **Kleinkinder-Station**, ein Kletterhaus, diverse Schaukeln und für die Größeren ein hohes, anspruchsvolles Klettergerüst mit Wackelbrücke und Rutsche. Da der Spielplatz von Bäumen umgeben ist, eignet er sich besonders, wenn man mal etwas **Schutz vor Sonne und/oder Wind** sucht. Neben den normalen Bänken gibt es einen schönen **Picknick-Tisch**, an dem man auch gut lesen oder Kaffee trinken kann. **Adresse**: Pröstwai, Ecke Munkmarscher Chaussee. [■]

Tipp:

Falls man noch keine Zeitung erwischt oder noch keinen Picknickkorb gepackt hat, kann man sich in dem nur wenige Schritte entfernten Bäcker im Edeka-Laden (Munkmarscher Chaussee 6a, Tel. 04651/935580, www.edeka-keitum.de) mit heißem Milchkaffee, Brötchen oder leckerem Kuchen bzw. im Edeka mit Eis, Obst und kalten Getränken eindecken. In diesem Edeka gibt es auch eine kleine Poststation sowie Postkarten, die man - während sich die Kids auf dem Spielplatz austoben - gemütlich schreiben und dann direkt in den Briefkasten vor dem Spielplatz werfen kann.

b) Tinnum
aa) Boy-Peter-Eben-Weg

Zwischen Schule und Kindergarten gelegen befindet sich dieser groß-räumige Spielplatz. 2010 ist dort anstelle der zuvor vorhandenen, etwas veralteten Rutsche ein neues Spielgerät mit Wackelbrücke, Haus und Rutsche installiert worden. Zudem gibt es eine Schaukel, eine Wippe und diverse Wackeltiere sowie viel Freifläche zum Spielen, so dass es sich selbst in der Hochsaison nie richtig voll anfühlt. **Adresse:** Boy-Peter-Eben-Weg, von dort führt ein Fuß- und Radweg zum Spielplatz; erreichbar ist der Spielplatz auch über einen Fußweg vom Liiger Hörn. [■]

bb) Bahnstraße

Dieser Spielplatz ist wirklich leicht zu übersehen: In der kleinen Bahnstraße weist zwischen den Häusern Nr. 3 und 5 lediglich ein Schild am

Zauntörchen darauf hin, dass sich dahinter ein Spieleldorado befindet. Das Angebot reicht von einer Kletterpalme über Balancier-Balken bis zu einem großen Klettergerüst mit Wackelbrücke und Rutsche sowie diversen Schaukeln. [■]

c) Archsum

Dieser Spielplatz ist durch einen kleinen Grünstreifen in 2 Teile gegliedert. Auf der einen Seite befindet sich ein sehr schöner und **neuer Kleinkinderbereich,** der sich besonders für die unter Dreijährigen eignet: Spielhaus, Nestschaukel, Karussell und Wackeltiere sind extra niedrig

gehalten, damit die Kleinen mehr Spaß und die Großen weniger Sorgen haben. Auf der anderen Seite können sich die etwas größeren Kinder auf einer „Arche Noah", Rutsche, Wippe und auf Schaukeln austoben. Für Fußballprofis und solche, die es werden wollen, stehen zudem 2 Tore zur Verfügung. Hinsichtlich der Versorgung und der Entsorgung ist man auf diesem etwas abseits gelegenen Platz allerdings sich selbst überlassen. **Adresse:** Walseekerstig. [■]

d) Morsum

Dieser großflächige Spielplatz ist ein Highlight für **Kletterfreaks** und Abenteurer. Auf dem hohen Seil-Kletterturm und der **Seilbahn** kommen insbesondere größere Kinder voll auf ihre Kosten. Aber auch das schnelle „Rutschrohr" sowie Wackelbrücke und Nestschaukel sorgen dafür, dass bereits Kinder ab ca. 2 Jahren viel Spaß haben. Und falls nach so viel Klettern unerwartet Hunger oder Durst aufkommt, kann man beim nahe gelegenen **Ingwersen Bäckerei und Café** (Terpstig 76, Tel. 04651-82333, www.ingwersen-sylt.de) oder im **Bistro des Muasem Hüs** Abhilfe schaffen. Dort findet man auch jeweils gepflegte **Toiletten** und Wickelmöglichkeiten. **Adresse:** Serkwai; direkt hinter dem Parkplatz des Muasem Hüs (Bi Miiren 17). [■]

3. Rantum und Hörnum
a) Rantum

Der Rantumer Spielplatz ist Ende 2012 grundlegend erneuert worden: Die Kinder werden hier jetzt von einer Ekke-Nekkepen-Figur begrüßt und können sich auf einem Kletter-Rutsch-Schiff, Balancierbalken, Wackeltieren, Schaukeln und in einem Kleinkinderhäuschen austoben und gleichzeitig den Wattblick genießen. Angrenzend ist eine große Wiese mit zwei Fußballtoren.

Im gegenüber gelegenen Lebensmittelladen kann man sich mit Getränken und Snacks versorgen. **Adresse:** Strandstraße. [■]

b) Hörnum

Zwischen der viel befahrenen Rantumer Straße und einem Wohngebiet liegt dieser lang gezogene, recht große Spielplatz, auf dem sich sowohl neuere (Wackelbrücke, Schaukel, Wippe) als auch ältere Geräte (Klettergerüst, Indianerhäuser) befinden. **Adresse:** Berliner Ring. [■]

4. Wenningstedt-Braderup, Kampen, List
a) Wenningstedt

Dieser großflächige Spielplatz liegt neben der Kirche und schräg **gegenüber dem Dorfteich.** Man kann den Besuch also gut mit einem Spaziergang um den Teich verbinden und dort Entenfamilien und insbesondere auf den 2 kleinen Inseln zahlreiche Vogelarten beobachten. Ein Highlight des Spielplatzes ist im Sommer die

Wenningstedt Wasserstation

Wasserstation, an der die Kinder selbst Wasser pumpen können. Zudem gibt es diverse Klettergerüste, eine Drehtrommel, eine Rutsche, mehrere Schaukeln, (Kleinkinder-)Wackeltiere und eine Fläche zum (Fuß-)Ballspielen. **Adresse:** Kirchenweg. [■]

b) Kampen

Der Kampener Spielplatz versteckt sich zwischen Dünen und Campingplatz. Für **Fußballfans** gibt es einen schönen Sandplatz mit 2 Toren, ansonsten eine eher durchschnittliche Ausstattung mit Kletterhaus, Rutsche und Schaukel. **Adresse:** Am Möwenweg. [■]

c) List

Mitten **im Hafen** gelegen, umringt von Gosch, der Tonnenhalle, Eis- und Souvenirläden ist dieser Spielplatz eine ideale Basis, um den Lister Hafen zu erkunden oder den Kindern nach der Shoppingtour bzw. dem Restaurantbesuch eine Auszeit zu gönnen. Herzstück des Spielplatzes ist ein **großes Kletterschiff** mit Wackelbrücke und Rutsche. Zahlreiche **Verpflegungsmöglichkeiten** sowie **Toiletten** sind in unmittelbarer Nähe. Autofahrer können auf dem großen Hafen-Parkplatz parken. Von dort sind es ca. 3 Gehminuten bis zum Spielplatz. **Adresse:** Hafen. [■]

1. Schwimmen und Baden

a) Im Meer

Dass es auf Sylt viele schöne Strände gibt, an denen man ein Bad im Meer genießen kann, überrascht wenig. Man sollte aber stets bedenken, dass sich insbesondere bei ablaufendem Wasser oft **starke Strömungen** entwickeln können, denen manchmal selbst Erwachsene kaum Stand halten können. Deshalb darf man **kleine Kinder nie unbeobachtet** lassen, selbst wenn sie nur an der Wasserkante spielen.

Besondere Vorsicht ist zudem bei den am Strand durch **gelbe Andreaskreuze** ausgewiesenen **Buhnen** geboten. Diese im rechten Winkel zum Strand in die Nordsee gebauten, bis zu 100 m langen Konstrukte aus Holz, Stein, Beton oder Stahl wurden ursprünglich gebaut, um die Strömung zu brechen und Sandabtragungen zu reduzieren. Heute bieten sie bei Ebbe eine gute Möglichkeit, Meeresschätze wie Muscheln, Krebse und Seesterne zu sammeln. Bei Flut werden sie allerdings teilweise überspült und sind somit für die Schwimmer nicht mehr sichtbar, so dass besondere Vorsicht geboten ist.

Am besten geht man mit Kindern nur an den **bewachten Badestränden** schwimmen. Dort passen während der Saison qualifizierte **Rettungsschwimmer der DLRG** auf, dass niemand von der Strömung abgetrieben oder auf eine Buhne geschleudert wird. Die Rettungsschwimmer halten sich in **DLRG-Häuschen** auf, die erhöht aufgestellt und deshalb gut zu sehen sind. Die Rettungsschwimmer sind auch kompetente und freundliche Ansprechpartner für kleinere Probleme, z. B. wenn sich ein Kind verlaufen hat oder ein Splitter entfernt werden muss.

Die bewachten Strände sind durch **rot-gelbe Flaggen** gekennzeichnet. An den DLRG-Häuschen am Strand befinden sich weitere Wimpel-Fahnen, an denen man den aktuellen Badestatus erkennen kann: Ein weißer Wimpel mit dem Schriftzug **Badezeit** bedeutet, dass dort von 10.30 bis 17.00 Uhr ein Rettungsschwimmer im Dienst ist. Eine zusätzliche **grüne Fahne** heißt, dass das Baden **gefahrlos** ist. Ist allerdings eine **gelbe Flagge** gehisst, wird dadurch signalisiert, dass **nur unter Aufsicht** der Rettungsschwimmer gebadet werden darf. Wiegt sich schließlich eine **rote Fahne** im Wind, herrscht absolutes **Badeverbot**. An solchen Tagen ist es meist so windig, dass man den Strand mit kleineren Kindern schon wegen des Windes und des um-

herfliegenden Sandes meiden wird. Jugendliche und Erwachsene können allerdings ein eindrucksvolles Naturschauspiel erleben.

Besondere Bedingungen herrschen im nördlichsten Teil der Insel, dem sog. **Ellenbogen**. Um die im Privateigentum befindlichen Straßen zu befahren, müssen Autofahrer zunächst eine Schranke passieren und einen „**Wegezoll**" (ca. 5,00 €)

zahlen. Radfahrer und Fußgänger können die Fläche kostenlos nutzen. Die 4,5 km lange Halbinsel ist im Sommer 2012 von der Zeitschrift Geo-Saison als einer der **10 schönsten Strände Europas** gekürt worden. Zu bedenken ist allerdings, dass das **Baden** am Ellenbogen aufgrund der **extrem starken Strömungen** zu jeder Zeit strengstens **verboten** ist – auf die **Lebensgefahr** machen Schilder mit Totenköpfen aufmerksam. Insofern ist besondere Aufmerksamkeit gefordert, wenn man sich dort mit (kleineren) Kindern aufhält!

Falls im Sommer einmal mehrere Tage der ansonsten eher untypische **Ostwind** weht, kann es zudem zu einem vermehrten Aufkommen von **Quallen** kommen. Die meisten von diesen glibberigen Meeresbewohnern sind aber ungefährlich. Eine Ausnahme bilden die gelben Haarquallen. Diese werden im Volksmund **Feuerquallen** genannt, denn wenn ihre Tentakeln die menschliche Haut berühren, entstehen (wie Feuer) brennende Hautirritationen, die man jedem ersparen möchte. Erwischt es einen gleichwohl, gibt es in der Apotheke lindernde Cremes, bei starken Verbrennungen, insbesondere bei Kindern, sollte ein Arzt aufgesucht werden (s. S. 87).

b) In der Sylter Welle

Falls die Sonne mal nicht scheint oder es in der Nebensaison einfach noch nicht warm genug ist, bietet das **Freizeitbad** Sylter Welle in Westerland eine phantastische Alternative zur Nordsee. Auf rund 4.600 qm werden ein **Wellenbecken**, ein **Sportbecken mit Panoramascheiben**, ein **Kinderbecken**, ein **Wikingerspielschiff** und 3 **Riesenwasserrutschen** angeboten. Highlights sind die 120 m lange „Black Hole", in der es coole Licht- und Soundeffekte gibt sowie die „X-Tube-Rutsche", auf der man auf dicken Sitzreifen 110 m lang ins kühle Nass rast. Alle Becken sind mit Nordseewasser gefüllt. Zudem gibt es Solarien und einen Fitnessraum. Im angeschlossenen **Wellness- und Saunabereich** findet man auf mittlerweile 3 Etagen 7 verschiedene Saunen (Finnische, Dampf-, Aroma- und Wikingersauna etc.). Besonders schön ist auch die Blockhaussauna, aus der man auf das Meer und die Dünen blicken kann (ohne selbst von außen gesehen zu werden). **Adresse:** Strandstraße 32. [■]

Tipp:

Nichtschwimmer ab 5 Jahren können die Ferien auch zum Schwimmenlernen nutzen: Das Syltness Center bietet einwöchige Schwimmkurse in kleinen Gruppen (Mo.-Sa., 9.00-9.30 Uhr, in den Sommerferien ggf. zusätzlich ein 2. Kurs von 9.30-10.00 für ca. 50,00 €, Tel. 04651-998111, www.syltnesscenter.de) an. Einzelunterricht ist nach telefonischer Absprache ebenfalls möglich (Tel. 04651-998243). Einzelstunden sind auch direkt über die Sylter Welle buchbar (www.sylterwelle.de /extras/ schwimmkurse). Für 4- und 5-Jährige wird die Erlangung des „Seepferdchens" für eine pauschale Kursgebühr von 132,00 € (6-8 Einzelstunden) angeboten. Jeweils Anmeldung erforderlich. Bei Eintritt zwischen 18.00-22.00 Uhr gilt der Spartarif, d. h. der jeweilige Eintrittspreis wird um 20 % reduziert. Wer mit dem Bus anreist, spart nicht nur Sprit- und Parkplatzkosten, sondern erhält mit dem „Ab in die Welle"-Ticket der Sylter Verkehrsgesellschaft (SVG) auch noch vergünstigten Eintritt. Das Ticket kombiniert die inselweite An- und Abreise mit dem Bus und den Eintritt in die Sylter Welle für 4-stündigen Badespaß für 17,80 € (Erw.), 10,00 € (Ki.) bzw. für Familien 42,00 € (2 Erw. u. 2 Ki. bis 14 J.). www.svg-busreisen.de/ angebote

Alter: Das Schwimmbad ist grundsätzlich für Kinder jeden Alters zugänglich. Die Rutschen sind – abhängig von der Länge – allerdings erst für Kinder ab 6, 8 bzw. 12 J. freigegeben. In die Saunalandschaft dürfen die Kleinen ab 3 J.; Kinder bis 14 J. müssen in der Sauna von einem Erwachsenen begleitet werden. Die Benutzung des Fitnessraums ist ab 18 J. gestattet.

Öffnungszeiten: Mo.-So. 10.00-22.00 Uhr; Di., Do. u. Sa. Frühschwimmen 7.00 bzw. 8.00-10.00 Uhr (nur im Wellen- und Sportbecken; Kinderbecken und Wikingerschiff sowie Rutschen geschl.). **Kosten:** Ki. bis 3 J. frei. Ansonsten variieren die Preise zwischen Badelandschaft mit Sauna (4 Std. ab 22,00 € Erw., 17,60 € Ki.) oder ohne Sauna (4 Std. ab 10,00 € Erw., 6,00 € Ki.). Sondertarife sind die **Familienkarte „2+2"** (1-2 Erw. & 1-2 Ki.) ab 26,00 € sowie der **Ferientarif** (2 Erw. und 2 Ki. können für max. 14 Tage so oft baden, wie sie möchten) ab 99,00 €. **Tel.:** 04651-9980. www.sylterwelle.de

c) Im Meerwasser-Thermalbad im Syltness Center

Im Gegensatz zur Sylter Welle handelt es sich bei dem im 1. OG des Syltness Centers in Westerland gelegenen Bewegungsbad – wie der Name schon vermuten lässt – um ein funktionales, mittelgroßes Schwimmbad, in dem das Nordseewasser auf über 30 °C erwärmt wird. Der hohe Gehalt von Mineralien und Spurenelementen soll eine gesundheitsfördernde Wirkung haben. Daher wird das Bad auch ausschließlich für spezielle Anwendungen und Kurse genutzt, u. a. das Baby- und Kleinkinderschwimmen. Beim **Babyschwimmen** können schon die Kleinsten die Scheu vor dem Wasser verlieren – im warmen Wasser können Säuglinge und Kleinkinder von **5 bis 24 Monaten** zusammen mit einem Elternteil und einer qualifizierten Schwimmlehrerin gemeinsam Spaß am „Erlebnis Wasser" haben. Das **Kleinkinderschwimmen** richtet sich an Kinder im Alter von **2 bis 5 Jahren**. Bei beiden Kursen gehen die Kinder jeweils zusammen mit einem Elternteil ins Wasser und können mit den bereitgestellten Spielsachen spielen und planschen und sich schon mal auf die späteren Schwimmkurse vorberei-

Tipp:

Für alle Veranstaltungen im Syltness Center: Wer mit dem Auto kommt und auf dem angrenzenden Parkplatz (Anfahrt über Dr.-Nicolas-Str.) parkt, kann sich die Parkkarte beim Kauf der Eintrittskarte am Schalter im Syltness Center abstempeln lassen und dann für die Dauer des Kurses kostenlos parken!

ten. In der Hochsaison kann es während der Kurse - insbesondere bei schlechtem Wetter - allerdings recht voll werden. Umkleiden und Duschen sowie Toiletten sind im 1. OG vor dem Schwimmbad. Für die **Umkleideschränke** braucht man eine **2,00 € Münze**, die man hinterher zurückbekommt. **Adresse des Bewegungsbads:** Syltness Center, 1. OG, Dr.-Nicolas-Str. 3. [■] **Zeiten und Dauer:** Die Kurse dauern jeweils 30 Min. und finden in der Regel 1x wöchentlich nachmittags statt; die genauen Zeiten erfährt man im Syltness Center (04651-9980 oder unter www.syltnesscenter.de/fitness). **Kosten:** 7,00 € (1 Ki. mit 1 Erw.). Die Karte ist vor dem Kurs an einem der Schalter im Erdgeschoss des Syltness Centers zu erwerben und dann der Schwimmlehrerin zu geben. **Infos:** S. S. 31 (Tipp zum Schwimmenlernen).

2. Surfen und Co.

Kinder und Jugendliche können sich beim Erlernen einer Wassersportart ein unvergessliches Ferienerlebnis schaffen. Für alle Angebote gilt, dass die Kinder **schwimmen können müssen**. Die Zeiten der Kurse sind tidenabhängig und in den Schulen nachzufragen. Soweit nicht anders angegeben, gilt das Angebot von Anfang Mai bis Ende September, vereinzelt auch in den Herbstferien.

a) Surfschule Sunset Beach in Westerland

Dort, wo im Herbst der Windsurf World Cup ausgetragen wird, kann man Windsurfen, Wellensurfen, Kitesurfen, Stand Up Paddling und Wasserski in Einzelstunden oder Gruppenkursen lernen; Anfängerkurse finden an der ruhigeren Wattseite statt. Für die jüngsten Wasserratten ab 6 Jahren wird ein spezieller Wellensurfer-Kurs im stehtiefen Wasser angeboten.

Spezielle Boards für Kinder und Gruppenstärken von max. 6 Kids sorgen für Spaß und Sicherheit. Erfahrene Wassersportler können sich auch privat sämtliches Wassersport-Equipment und die passende Ausrüstung dafür ausleihen. **Adresse:** Brandenburger Str. 15 (im Norden der Kurpromenade). [■] **Alter:** Wellenreiten ab 6 J., Windsur-

fen ab 9, Kitesurfen ab 12 J. **Kosten**: Windsurfen von 95,00 € (3 Std. Schnupperkurs) bis 220,00 € (9 Std. Anfängerkurs); Wellenreiten ab 95,00 € (4 Std. Anfängerkurs, bzw. 2x 1,5 Std. Kinderkurs); Kitesurfen von 95,00 € (2 Std. Schnupperkurs) bis 260,00 € (6 Std. Anfängerkurs). Stand Up Paddling 60,00 € (2 St.). **Tel.**: 04651-27172. www.sunset beach.de

b) Syltsurfing in Munkmarsch

In der Schule des Surf-Weltmeisters **Calle Schmidt** werden seit über 30 Jahren Surfkurse gegeben; mittlerweile reicht die Auswahl von Windsurfing über (Cat-)Segeln und Golf bis Zumba. Wer sich einen Eindruck von diesen Sportarten machen möchte, kann einen der vielen Schnupperkurse buchen (z. B. Windsurfing: 3 Std.; Catsegeln und Segeln: 2 Std.; Golf: 1 Std.). Die jüngsten Nachwuchssportler (6-13 J.) werden im **Surf-Junior-Kurs** (7 Std.) an den Sport herangeführt. Die Wattenmeer-Bucht in Munkmarsch bietet dabei das ideale Einsteigerrevier. Für Jugendliche ab 14 Jahren werden Einsteiger- und Aufbaukurse (6 Std.) angeboten, bei denen man z. B. das VDWS-Abzeichen erwerben kann. Für die Altersgruppe der 6- bis 13-Jährigen gibt es zudem einen **Juniorsegelschein** und einen **Cat-Junior-Kurs** (je 10 Std.); ab 14 Jahren kann der Segelgrundschein bzw. die Cat-Lizenz erworben werden (je 12 Std.). Auch Standing Up Paddling und Wakeboarden werden angeboten. **Adresse**: Bi Heef 4. **Kosten**: Ab ca. 50,00 € (Schnupperkurs). **Tel.**: 04651-935077. www.syltsurfing.de

c) Südkap Surfing in Hörnum und Wenningstedt

Die Südkap Surfing, die ab der Saison 2016 neben dem Standort in Hörnum auch einen weiteren in Wenningstedt haben wird, bietet ein umfangreiches Wassersportprogramm für Kinder und Jugendliche. Das Angebot reicht von **Wellenreiten** und **Segeln** über **Wind-** sowie **Kitesurfen** bis zum **Stand up Paddling** und wird jeweils am dafür besten Standort durchgeführt. Häufig werden sogar pro Sportart zwei altersgerechte Gruppen gebildet, also z. B. Wellenreiten, Segeln und Surfen jeweils für 8 bis 12-Jährige und in einem gesonderten Kurs für Jugendliche ab 13 Jahren. Für das Kitesurfen liegt das Mindestalter bei 10 Jahren und für das Stand up Paddling bei 8 Jahren. Natürlich gibt es auch spezielle Kurse für Anfänger und Fortgeschrittene. **Adresse Hörnum**: Strandpromenade 1. [■] **Adresse Wenningstedt**: Am Risgap 14. [■] **Kosten**: Von ca. 50,00 € (2 Std. SUP) über ca. 200,00 € (3x 2 Std. Surfen) bis ca. 320,00 € (5x3 St. Segeln). **Tel.**: 0176-71817177. www.suedkap-surfing.de

d) Kiteschule in List

Das Testcenter der Kiteschule Sylt befindet sich am Ellenbogen, dem nördlichsten Zipfel der Insel Sylt. Dort gibt es auch, geschützt von der Westseite, ein Stehrevier; Fortgeschrittene können das Gebiet an der Westseite nutzen. Geboten werden Gruppen- und Einzelunterricht. **Adresse**: Ellenbogen. [■] **Alter**: Ab ca. 12 J. **Kosten**: Von 120,00 € (Schnupperkurs) bis 320,00 € (8-9 Std. Anfängerkurs, max. 3 Pers.). **Tel.**: 0172-4721748. www.kiteschule-sylt.de

e) Catamaran-Segeln in Hörnum

Im Hörnumer Hafen liegt die Katamaran-Segelschule, in der Anfänger-, Aufbau- und Umsteigerkurse sowie Einzelunterricht angeboten werden. Für Kinder ab 8 Jahren gibt es einen speziellen Cat-Anfänger-Kurs. **Adresse**: Hafenstraße. [■] **Kosten**: 250,00 € (10 Std. Anfängerkurs); 150,00 € (5 Std. Aufbaukurs). **Tel.**: 0160-95937473. www.sylter-cata-maran-club.de

f) Stand Up Paddling in Westerland und Kampen

Mal stehend über das Wasser gleiten? Stand Up Paddling ist eine Trend-sportart, die auch von ungeübten Wassersportlern ab 14 Jahren leicht zu erlernen ist und ganz nebenbei zahlreiche Muskeln trainiert. Neben dem Angebot der Sufschule Sunset Beach (s. o.) werden in Westerland auch ein zweistündiger Einsteigerkurs vom ISTS (s. S. 37) und in Kampen in Kooperation mit dem Club Mistral verschiedene Levels angeboten. Dort können sich Fortgeschrittene bei sicheren Bedingungen auch nur das Equipment ausleihen und alleine lospaddeln. Für die Teilnahme an den Kursen ist das Bronze-Schwimmabzeichen erforderlich. **Alter**: Ab 14 J. **Kosten Westerland**: 50,00 € (2 St.). **Kampen, Club Mistral**: 25,00 € Schnupperkurs (1 St.), 65,00 € Einsteiger- und Wellensteigerkurs (3 St.). **Tel.**: 0151-55159836 (Club Mistral) und 04651-46980 (Kampen). www.kampen.de

g) Inselkind Ocean Camp in Hörnum

Im Juli und August bietet die Inselkind Ocean Surf-Schule jeweils viertä-gige Ocean Camps an. In kleinen und altersgerechten Gruppen können die Teilnehmer je nach Wind, Wellen und Tide unter professioneller Anlei-tung Surfen, Kiten, SUPen, Segeln, Skimboarden oder Windsurfen aus-probieren. Während der „Trockenstunden" werden u. a. Wassersportre-geln, Meereskunde und Erste-Hilfe vermittelt. **Adresse**: Hangstr. 21. [■] **Alter**: 8-18 J. **Zeiten**: Mo-Do 10.00-14.30 Uhr. **Kosten**: 350,00 €. **Tel.**: 0173-2001120. www.inselkind.com/ocean-camp

3. Reiten

Wer auf der Insel reiten möchte, kann zwischen insgesamt **8 Ställen** wählen. Reitunterricht wird z. B. in Keitum im **Grünhof** (Süderstr. 80, Tel. 04651-31208, www.gruenhofsylt.de) und im Reitstall **Hoffmann** (Gurtstig 46, Tel. 04651-31563, www.reitstall-hoffmann.de), in Morsum im Reiterhof Lobach (Litjmuasem 16, Tel. 04651-890239) sowie in Tinnum im **Olivenhof** (Ingewai 40, Tel. 04651-32906, www.olivenhof.de) und im Reitstall **Wiesengrund** (Zum Wiesengrund, Tel. 04651-31600, www.wiesengrund-sylt.com) grundsätzlich sowohl für Kinder als auch für Erwachsene angeboten. Bis auf den **Pferdehof Sylt** (Boy-Peter-Eben Weg 4, Tinnum, Tel. 04651-31895, www.pferdehof-sylt.de) können gelernte Reiter in den genannten Ställen auch (**Strand-)Ausritte** buchen. Die **Kosten** für eine Reitstunde beginnen bei ca. 25,00 €, ein einstündiger Ausritt liegt bei ca. 30,00 €, für einen zweistündigen Strandausritt fallen ca. 50,00 € an.

4. Fahrradfahren

Auf der Insel laden über **300 km Radwege** zu naturnahen Erkundungsfahrten ein. Bevor man zu einer längeren Tour (insbesondere mit Kindern) aufbricht, sollte man allerdings auf die **Windrichtung** achten. Denn wenn man auf dem Hinweg Rückenwind hat, wird oft unterschätzt, wie viel länger und anstrengender der Rückweg mit Gegenwind sein kann. Wer dabei auf dem Rückweg lieber ganz auf das Strampeln verzichten möchte, kann auch zusammen mit dem Fahrrad **Bus** fahren. Bei den meisten Bussen gibt es die Möglichkeit, die Fahrräder hinten auf den Bus zu schnallen. In der Hochsaison geht man dabei allerdings das Ri-

siko ein, dass alle Fahrrad-
plätze belegt sein können.
Zu bedenken ist auch, dass
die Fahrgäste ihre Räder
selbst auf dem Bus befesti-
gen und wieder herunterho-
len müssen.
Wenn das (Kinder-)Fahrrad
nicht mehr auf das eigene
Auto oder in den Zug passt,
gibt es auf der Insel eine
große Auswahl von **Fahrrad-**

verleihen. Das größte Angebot ist in Westerland zu finden, gefolgt von
Wenningstedt-Braderup und Tinnum. In List und Hörnum gibt es jeweils
einen Anbieter. Die meisten Verleiher haben auch ein **spezielles Angebot
für Kinder und Familien**, das vom Kinderfahrrad über den Kindersitz bzw.
Anhänger bis zum Babyjogger reicht. Auch mit speziellen Modellen wie
dem „Familybike" oder dem „Mitläufer" können Familien viel Spaß haben
und tolle Touren unternehmen (siehe z. B. das Angebot von Velo-Quick in
Westerland, s. S. 16). Da gerade spezielle Modelle meist nur in begrenzter Zahl zur Verfügung stehen, empfiehlt es sich - insbesondere in der
Hochsaison - rechtzeitig zu reservieren. Dabei kann man auch gleich fragen, ob der Betrieb einen **Lieferservice** hat, denn manche Verleihe liefern
die Räder direkt zum Feriendomizil. In preislicher Hinsicht muss man pro
Tag mit 7,50 € bis 10,00 € für ein Erwachsenenfahrrad und mit 3,50 € bis
5,00 € für ein Kinderfahrrad rechnen; bucht man gleich eine ganze Woche, wird der Tagespreis günstiger.
Familien mit älteren, konditionsstärkeren Kindern können auch **ge-
führte Gruppentouren** buchen. Angeboten werden z. B. die jeweils 3-4-
stündigen Touren „Unterwegs in den Norden" und „Friesendörfer entde-
cken". In kleinen Verschnaufpausen erfährt man Wissenswertes über
Land, Leute, Kultur und Natur. **Startpunkt**: Bike- & Sport-Infocenter,
Strandstr. 32, Westerland. **Zeiten**: Mi und Fr. ab 11.00 Uhr. **Kosten**: 25,00
inkl. Fahrrad, Trinkflasche mit Energydrink, Helm und Fitnessriegel. **Tel**.:
04651-9980. urlaub@insel-sylt.de, www.insel-sylt.de

5. Fußball
Auf der Insel existieren unzählige Gelegenheiten zum Fußballspielen, vor allem natürlich am Strand, häufig auch angrenzend an Spielplätze (s. S. 23 ff.).
„Richtige" Plätze gibt es in Westerland (Syltstadion) und zwischen Wenningstedt und Kampen (direkt neben dem Leuchtturm).
In den Schulferien werden auch von verschiedenen Anbietern spezielle einwöchige Fußball-Camps angeboten. Die genauen Daten sind auf den ange-
gebenen Internetseiten oder telefonisch zu erfahren.

a) Rummenigge Fußballschule

Der größte und etablierteste Anbieter ist die **Rummenigge Fußballschule** in Westerland. Dort können Kinder und Jugendliche in den Osterferien, im Juli

und August sowie im Oktober jeweils einen fünftägigen Kurs belegen und täglich vormittags zwei Stunden mit Profi-Fußballern trainieren. Die Kinder werden in Alters- und Spielstand entsprechende Gruppen aufgeteilt und intensiv gefördert. Zum Angebot gehören auch ein gemeinsamer Grillabend, ein Trikot-Set sowie eine Urkunde mit Gruppenfoto. **Frühzeitige Anmeldung über die Homepage empfohlen. Adresse**: Syltstadion: Fischerweg 1. [■] **Alter**: Ab 6 J. **Termine**: Mo.-Fr. jeweils vormittags 2 Std.; zusätzlich Grillveranstaltung und Siegerehrung mit Kindern, Eltern und Trainern im Dorint Strandresort & Spa (s. auch S. 77). **Kosten**: 199,00 € (inkl. Adidas-Trikot, -Short und -Stutzen, Grillabend, Urkunde, Pokal und Autogramme). **Tel.**: 0172-5720975. www.fussball-schule.de

b) TSV Westerland und VfL Bochum

Ein weiterer Anbieter von Fußball-Camps ist der TSV Westerland in Kooperation mit dem VfL Bochum. Unter dem Motto „jede Legende hat klein angefangen" bieten diese Clubs in den Oster-, Herbst- und Sommerferien

jeweils ein bis zwei Camps an. Zusätzlich gibt es in der Woche nach Weihnachten ein **Hallen-Camp**. Für VfL-Fans hält dieses Angebot einen besonderen Leckerbissen bereit, denn in dem Camp-Preis sind nicht nur Training, Trikot und Urkunde, sondern auch eine Eintrittskarte zu einem Heimspiel des VfL Bochum enthalten. **Adresse**: Keitumer Landstraße (Sportzentrum Tinnum). [■] **Alter**: Ab 6 J. **Termine**: Mo.-Fr. jeweils von 10 bis 12 Uhr. **Kosten**: 129,48 € (inkl. Trikot der VfL-Fußballschule, Hose, Stutzen, Getränke zum Training, Teilnahmeurkunde und Pokal, Grillabend sowie eine Eintrittskarte zu einem Heimspiel des VfL Bochum). **Tel.**: 04651-21550. www.fussball-schule.vfl-bochum.de Anmeldungen auch unter info@tsv-westerland.de

c) HSV

Auch der HSV bietet in den Sommermonaten ein einwöchiges Fußball-Camp auf der Insel an. Im Vergleich zu den beiden anderen Anbietern geht das Training hier fast den ganzen Tag und beinhaltet ein gemeinsames Mittagessen. **Frühzeitige Anmeldung erforderlich. Adresse**: Norderweg 4, Wenningstedt [■]. **Alter**: Ab 6 J. **Termine**: Mo.-Fr. jeweils von 9.30-15.30 Uhr. **Kosten**: 184,00 € (inkl. Lang- und Kurzarmtrikot, kurze Hose, Stutzen, Trinkflasche und Getränke während des Trainings). **Tel.**: 040-41551049. www.hsv.de/kids/fussballschule.

6. Tennis
a) Tennisclub Westerland e.V.

Dieser zwischen Westerland und Tinnum gelegene Club ist mit **3 Hallen- und 10 Außenplätzen** die größte Tennisanlage der Insel und als einzige **ganzjährig** geöffnet. Während der Sommerferien wird für Kinder ein spezielles **Feriencamp** angeboten. Dabei können jeweils 4 bis 6 Kinder in (nach Alter und Spielniveau aufgeteilten) Gruppen für eine Woche täglich von 10-12.00 Uhr 2 Stunden mit einem Trainer verbringen. Wer den Trainer lieber für sich haben möchte bzw. nur mit einer anderen Person teilen möchte, kann auch entsprechende Einzel- bzw. Zweierstunden nehmen. Diejenigen, die gar keinen Trainer mehr brauchen, können die Plätze natürlich auch ohne Trainer buchen. **Anmeldung erbeten. Adresse**: Am Seedeich 38. [■] **Alter**: Feriencamp: Ab 7 J.; Einzelstunde nach Rücksprache. **Kosten**: 1 Wo Feriencamp ab 136,00 € (bei 6 Teilnehmern, bei wenigern wird es etwas teurer); Einzelstunden inkl. Platzmiete ca. 58,00 €. Die reinen Platzmieten betragen 19,00 € für die Außen- und 19,00 € bis 28,00 € für die Hallenplätze. **Tel.**: 04651-6729. www.tennisclub-westerland.de

b) Tennisanlage Rantum

Diese Anlage liegt idyllisch zwischen dem Wattenmeer und der Minigolf-Anlage am Rantumer Hafen (siehe Foto auf S. 43); Schläger und Bälle können bei Bedarf ausgeliehen werden. **Adresse**: Hafenstr. 12. [■] **Öffnungszeiten**: Ostern-Okt. **Kosten**: Ab ca. 10,00 € (1 Std. Platzmiete). **Tel.**: 04651-22584.

7. Golf
a) Marine-Golf-Club und Golfakademie in Westerland

Die Golfakademie Andreas Strandberg bietet zu Ostern und Pfingsten sowie von Juni bis August im Marine-Golf-Club spezielle **Jungendwochen** an. Auf dem 18-Loch-Platz wird Golfspielen in kindgerechter Form erlernt; der Erwerb des DGV-Abzeichens in Bronze, Silber und Gold ist möglich. Fortgeschrittene können ihre Fähigkeiten im **Jungendleistungs-kurs** vertiefen und erweitern. **Adresse**: Flughafen 69 (links neben dem Flughafen). [■] **Alter**: 8-14 J. **Kurszeiten**: Mo.-Do. 9.00-11.00 Uhr. **Kosten**: 165,00 €; nur Greenfee 55,00 bis 80,00 € (18 Loch) bzw. 35,00 bis 45,00 € (9 Loch). **Tel.**: 04651-927575 (Club) und 04651-449127 (Akademie). www.golf-sylt.de und www.golfakademie-strandberg.de

b) Golfclub Sylt e.V. in Wenningstedt und Golf-Academy

Dieser 18-Loch-Golfplatz liegt inmitten von bronzezeitlichen Grabanlagen. Für Anfänger ideal ist auch der angrenzende 6-Loch-Kurzplatz. In der Golf-Academy von Allan Owen werden im Juli und August für Kinder und Jugendliche Kurse angeboten, in denen sie alle nötigen Fertigkeiten zum Bestehen des **DGV-Kindergolfabzeichens** lernen. Am Ende einer aus 4 x 120 Minuten bestehenden Trainingseinheit wird die Prüfung in Bronze, Silber oder Gold abgelegt. **Adresse**: Norderweg 5 (beim Kampener Leuchtturm). [■] **Alter**: 6-15 J. **Kurszeiten**: Juli-Aug. Di.-Fr. 10.30-12.30 Uhr (6 bis 10-Jährige) u. 16.00-18.00 Uhr (11 bis 15-Jährige); genaue Daten sind bei der Golfakademie telefonisch oder im Internet zu erfahren. **Kosten**: ca. 200,00 € (inkl. Rangefee, Leihschläger, Videobenutzung, Bälle und Begrüßungsgeschenk). **Tel.**: 04651-9959810 (Club) und 04651-9954831 (Academy). www.golfclubsylt.de und www.sylter-golfakademie.de

c) Golfclub Budersand in Hörnum und Golfclub Morsum auf Sylt e.V.

In diesen Anlagen wird jeweils ein gewisses Können vorausgesetzt. Einzelstunden sind nach Absprache möglich; ein spezielles Kursangebot für Kinder existiert nicht. **Hörnum: Adresse**: Hangstr. 1b. [■] **Alter**: Nach Absprache. **Kosten**: Ab 35,00 € (25 Min. Einzelunterricht) bzw. ab 350,00 € (Kurse). Greenfee: Je nach Saison zwischen 45,00 € und 90.00 € (Erw. für 18 Loch); 40,00 € bzw. 65,00 € (Jugendliche unter 18 J. für 18 Loch). **Tel.**: 04651-4492710. www.budersand.de **Morsum: Adresse**: Uasterhörn 37. [■] **Kosten**: ca. 85,00 € (Erw.) und ca. 40,00 € (Ki. und Jugendliche). **Tel.**: 04651-890387. www.golf-morsum.de

8. Minigolf

Auf der Insel stehen 3 Minigolf Anlagen zur Verfügung; für Kinder gibt es jeweils **spezielle Kinderschläger** (abhängig von der Körpergröße). Im Vergleich zu anderen Sportarten kann man für relativ wenig Geld spontan mehrere Stunden Familienspaß haben.

a) Miniatur-Golf Wenningstedt

Adresse: Dünenstr. 24a, Ecke Mittelweg (neben dem Parkplatz). [■] **Öffnungszeiten**: Ostern-Okt. 11.00-18.00 Uhr, im Hochsommer bis 21.00 Uhr. **Kosten**: ca. 3,00 € (Erw.) und ca. 2,00 € (Ki.). **Tel.**: 04651-8358638.

b) in Westerland

Adresse: Gaadt 33. [■] **Öffnungszeiten**: 10.00-18.00 Uhr. **Kosten**: 4,50 € (Erw.), 3,50 € (Ki. 4-15 J.); bezahlt wird an der Kasse des Sylt Aquariums. **Tel.**: 04651-8362522.

c) Minigolf in Rantum

Adresse: Hafenstr. 12. [■] **Öffnungszeiten**: Ab 10.00 Uhr bis zum Einbruch der Dunkelheit. **Kosten**: 3,00 € (Erw.), 2,00 € (Ki. bis 14 J.). **Tel.**: 04651-22584.

Tipp:

Neben dem Minigolfplatz in Wenningstedt kann man kostenlos Schach, Mühle, Dame und Mensch-Ärgere-Dich-Nicht im Riesenformat spielen.

9. Bouldern, Skaten, Rollern

Sport, Action & Spaß bei jedem Wetter bietet die Norddörfer Halle in Wenningstedt-Braderup. In einem Teil der Halle kann man auf ca. 150 m² Bouldern und mit Skateboards, Rollern etc. über einen wellen- und kurvenreichen sog. **Pumptrack** fahren. Die Boulderwand bietet verschiedene Schwierigkeitsstufen, so dass Kinder ab 6 Jahren, aber auch Jugendliche und Erwachsene ihre Fähigkeiten erproben können. Für interessierte Einsteiger und Fortgeschrittene wird im Zweiwochenrhythmus ein **Boulder-Kurs** angeboten. Im anderen Teil der Halle kann nach

Belieben mit Bällen, Reifen, Hockeyschlägern etc. gespielt und geturnt werden. Material (inkl. Skateboards und Roller) sind in begrenzter Auswahl

(kostenlos) vorhanden; Boulder-Schuhe können für 1,00 € ausgeliehen werden. Eigenes Equipment kann gerne mitgebracht werden. Kalte und warme Getränke werden in der Halle angeboten; eigene dürfen aber auch mitgenommen werden. Vor der Halle befindet sich zudem ein weiterer ca. 35 m² großer Boulderblock; eine Outdoor-Skaterbahn ist in Planung. **Adresse**: Nordweg 3, zwischen Wenningstedt und Kampen (neben dem Parkplatz). [■] **Alter**: Ab 3 J., Bouldern ab 6 J. **Öffnungszeiten**: Täglich 14.00-18.00 Uhr, donnerstags bis 22 Uhr. In der Nebensaison montags und mittwochs geschlossen. **Kosten**: Tageskarten 6,00 € (Erw.), 4,00 € (Ki.), Familienkarte 14,00 €. **Anmeldung** und Info für den Boulder-Kurs: Jan Veihelmann, Tel: 0160-2025513, **Mail**: bouldern@inseltrek.de

10. Beachvolleyball

Im Sommer findet man kaum einen Badestrand, an dem nicht begeistert Volleyball gespielt wird. Meist bestehen die Teams aus Vertretern jeden Alters und Könnens. In der Hochsaison wird sogar eine **Meisterschaft** ausgetragen. Auskunft erteilt der TSV Westerland (Tel. 04651-21550) und der SC Norddörfer (Tel. 04651-42711). Eine gute Gelegenheit zum Beachvolleyballspielen bietet auch der Fun Beach (s. S. 66).

11. Bowling

Im Lucky´s Bowling-Center Sylt gibt es für Kinder eine in Schleswig-Holstein einmalige Besonderheit: 2 sog. **Micro-**

bowlingbahnen. Diese sind kürzer als die üblichen Bowlingbahnen und werden mit kleineren Kugeln bespielt, die anders als die großen Bowlingkugeln auch keine Grifflöcher haben. Die Kugeln sind für den Nachwuchs leichter zu greifen und zu werfen und bergen weniger Verletzungsgefahren. Außer Bowling gibt es auch Billardtische, Kicker, Dart und Air-Hockey sowie ein Gastronomieangebot, bei dem sowohl typische US-Köstlichkeiten so-

wie traditionelle deutsche Küche im Mittelpunkt stehen. **Adresse**: Industrieweg 10, Westerland. [■] **Alter**: Ab 6 J. **Öffnungszeiten**: Di.-Do. 15.00-
24.00 Uhr, Fr. u. Sa. ab 15.00 Uhr, So. ab 14.00 Uhr; Mo. geschl. **Kosten**: Ab
11,50 € (1 Std. Mikro-Bowlingbahn bis 19.00 Uhr, danach 15,00 €) bzw.
ab 15,00 € (1 Std. pro „normaler" Bahn bis 19.00 Uhr, danach 19,00 €).
Auf jeder Bahn können bis zu 6 Pers. spielen. Hinzu kommt jeweils die
Leihgebühr von 1,60 € für die Schuhe. **Tel.**: 04651-986898. www.luckys-
sylt.de

12. Trampolinspringen

Junge Hüpfer kommen auf der Insel voll auf ihre Kosten. Auf und nieder,
immer wieder. Davon können kleine Hopswunder eigentlich nie genug
bekommen – spezielle Altersvorgaben gibt es grundsätzlich nicht.

a) Westerland

Alle Kinder bis 12 Jahre können in Westerland neben der Villa Kunterbunt
und dem Spielplatz (s. S. 23 f.) **kostenlos** auf einem neuartigen Springkissen - einer Mischung aus Trampolin und Hüpfburg - herumtollen. Das
6x6 Meter große Springkissen wird von Gummimatten umgeben, so dass
man immer weich fällt. Ein Gebläse hält den Druck im Kissen dauerhaft
konstant – bis es um 19 Uhr ausgeschaltet wird. Einzige Bedingung: Die
Schuhe sind vor dem Hüpfen auszuziehen. **Adresse**: Obere Strandpromenade, neben der Villa Kunterbunt (s. S. 84). **Öffnungszeiten**: April-Okt.
9.00-19.00 Uhr.

b) Hörnum

Direkt am Kinder(ost)Strand (s. S. 20) und unterhalb des Leuchtturms
gelegen steht ein „**Trampolinkäfig**", der einem die einmalige Kombination von Strand, Meerblick und Trampolinspringen ermöglicht. Gezahlt
wird in einem Häuschen auf der Promenade, wo man auch **Minigolf-Billard** spielen kann. **Adresse**: Strandpromenade. [■] **Öffnungszeiten**: April-
Okt. 11.00-17.00 Uhr. **Kosten**: 1,50 € (5 Min.), 2,50 € (10 Min.). **Tel.**: 0160-
5881010.

Tipp:

*Unter www.sylter-freizeit-team.de
ist eine Webcam installiert, mit
der man das Treiben am Strand
stets genau beobachten kann...*

c) Rantum

Zwischen dem Dorfhotel und dem Rantumer Hafen liegt das Restaurant Der Pate, in dem Pizza, Pasta und Steaks angeboten werden. Im „Vorgar-

ten" dieses Restaurants befindet sich eine Trampolin-Anlage mit insgesamt 6 Trampolinen. **Adresse**: Hafenstr. 4. [■] **Öffnungszeiten**: 12.00-22.00 Uhr, Nov.-März: 12.00-14.00 u. ab 17.00 Uhr; So, Mo u. Di Ruhetag. **Kosten**: 1,00 € (5 Min.), 2,00 € (10 Min.). **Tel.**: 04651-9576000. www.der-pate-sylt.de

13. Bungee-Trampolin
a) Obere Kurpromenade Westerland und Lister Hafen

Der Veranstalter I. D. Sports and Fun baut zwischen Ostern und Herbst 2 Bungee-Trampoline auf der Insel auf. Dort können Kinder mit speziellen

Gurten gesichert und an einem Seil festgemacht in die Lüfte springen und verrückte Loops und Salti ausprobieren. **Adresse**: Obere Promenade in Westerland (vor dem Restaurant Luzifer, s. S. 76) [■] und am Hafen in List (hinter Gosch). [■] **Alter**: Ab 3 J. **Öffnungszeiten**: Ostern-Okt. bei trockenem Wetter 10.00-22.00 Uhr. **Kosten**: 5,00 € (5 Min.). **Tel.**: 0175-5501467.

b) Norddörfer Halle

Eine weitere Anlage befindet sich in Wenningstedt-Braderup neben der Mini Cross Anlage (s. u.). **Adresse**: Gaadt. [■] **Alter**: Ab 6 J. **Öffnungszeiten**: Oster-, Sommer- u. Herbstferien bei trockenem Wetter von ca. 10.00 bis zum Einbruch der Dunkelheit. **Kosten**: 5,00 € (6 Min.). **Tel.**: 04651-2997683.

14. Mini Cross Sylt

Wenn die Zeiten des Trettreckers vorbei sind und eine gewisse Abenteuerlust dazu kommt, ist man auf der Kindermotorradbahn gut aufgehoben. Dort können die (nicht mehr ganz) Kleinen mal richtig Gas geben. Mit kleinen Yamaha-Cross-Maschinen geht es auf der Rennpiste bei 15 bis 30 km/h rund. Damit der Spaß eine sichere Sache ist, polstern Luftkissenleitplanken und Strohballen die Strecke, und Helme schützen die Köpfe der kleinen Rennfahrer. Zudem empfiehlt es sich, auch bei warmem Wetter mit langen Hosen und festen Schuhen zu kommen – aber dann kann´s losgehen; Erwachsene dürfen auch mal. Helme gibt es vor Ort. **Adresse, Alter und**

Öffnungszeiten: S. o. (Bungee-Trampolin an der Norddörfer Halle). **Kosten**: 10,00 € (10 Min.). **Tel.**: 04651-2997683. **www.mini-cross.de**

15. Bogenschießen und Bogenbau

Zwischen Tinnum und Keitum gelegen bietet die Youksakka Bow and Funcompany seit vielen Jahren Kurse für Kinder, Jugendliche und Erwachsene im **traditionellen Bogenbau** an.

In Anlehnung an historische Vorbilder werden die Grundlagen des Bogenbaus vermittelt. Die Teilnehmer können ihre eigenen hochwertigen Vollholzbögen, jeweils abgestimmt auf die individuelle Körpergröße, herstellen und natürlich auch ausprobieren. Angeboten werden verschiedene Kurse ab 4 Std., Einzel- und Gruppentraining sowie Schnupperkurse. Sonntags ab 15.00 Uhr gibt es ein „Spaßturnier für Jedermann." **Adresse**: Keitumer Landstraße 17 (am Sportzentrum). [■] **Alter**: Ab 6 J., teilw. ab 14 J. **Öffnungszeiten**: In der Saison tägl. 12.00-18.00 Uhr, ansonsten nach Absprache. **Kosten**: 5,00 € (Schnupperkurs); ansonsten ab 120,00 € (4 Std. Bogenbau Manau) bis 480,00 € (3 x 4 Std. Bogenbau Eibe). **Tel.**: 0177-8027309. www.youksakka.de

16. Wattwanderungen

In mehreren Orten werden **spezielle Wattwanderungen für Familien** angeboten. Die Führungen sind teilweise kürzer als die der anderen Touren (ca. 60 bis 90 Min.), und man entfernt sich nicht ganz so weit von der Küste. Zudem versuchen die Führer, die Besonderheiten des Wattenmeers und die komplexe Materie Ebbe und Flut auch für Kinder und Jugendliche anschaulich und nachvollziehbar darzustellen. Je nach Jahreszeit und Wetter werden **Gummistiefel** (außer in Keitum) und **wetterfest**e Kleidung empfohlen. **Vorherige Reservierung bzw. Karten-**

kauf erforderlich. **Alter**: List ab 4 J.; Keitum ab 6 J., ansonsten ab 3 J. (jeweils in Begleitung eines Erw.). **Kosten**: 6,00 € bis 8,50 € (Erw.), 3,00 € bis 5,00 € (Ki.). **Termine und Treffpunkte**: In der Tageszeitung Sylter Rundschau, in der TV Sylt sowie im Internet (s. S. 17) nachzulesen bzw. telefonisch beim Veranstalter zu erfragen. **Tel**.: Hörnum: 04651-96260 und 04651-881093 (Schutzstation Wattenmeer); Braderup (für die Wanderung in Kampen) 04651-44421 (Schutzstation Wattenmeer); List: 04651-95200; Keitum und Morsum: 04651-8358525.

17. Drachensteigen

Um den Flugverkehr nicht zu behindern, ist die Nutzung von Drachen ausschließlich an folgenden Strandabschnitten gestattet:
Strandabschnitt 49 in Westerland (Übergang Himmelsleiter).
Nördlich des Hundestrandes 15 H (nördlich vom Campingplatz Rantum).
Zwischen Samoa und Sansibar außerhalb der Bade- und Strandkorbbereiche (zwischen Rantum und Hörnum).
Südlich des Parkplatzes Sansibar 2 (zwischen Rantum und Hörnum).
Auch an diesen Strandabschnitten gilt, dass die maximale Steighöhe des Drachens nicht mehr als 30 m und die maximale Seillänge höchstens 50 m betragen darf.
Streng **verboten** ist das Drachensteigenlassen an den Westerländer Strandabschnitten 4.82 bis 4.11, da diese in der Flugkontrollzone liegen; wer dort trotzdem Drachen steigen lässt, kann ordnungs- und strafrechtlich sanktioniert werden! Bei Fragen gibt der ISTS (s. S. 17) Auskunft.

18. Fallschirmspringen und Beach Boogie

Wer Sylt einmal von oben betrachten möchte und kein Problem mit Höhen hat, kann sich bei einem **Tandem-Sprung** ein ganz besonderes Urlaubserlebnis schaffen. Während des zweiwöchigen Sylter Beach Boogie (meist Anfang August) kann man auf dem Flughafengelände zwischen 10.00 und 19.00 Uhr auch einfach nur beobachten, wie andere aus 4000 m auf die Insel springen. Gegen 18.00 Uhr wird auch am Brandenburger Strand in Westerland gelandet. Einfach mal auf einen Sprung vorbeischauen... **Adresse**: Flughafenstr. 1, Tinnum (Halle 74). [■] **Alter**: Ab 10 J. und einer Körpergröße von 1.40 m. Bei Minderjährigen ist eine Einverständniserklärung der Eltern erforderlich. **Öffnungszeiten**: April-Okt. 9.00-19.30 Uhr; Durchführung der Sprünge ist wetterabhängig. **Kosten**: 260,00 bis 300,00 €. **Tel.**: 0173-2160121. www.seventhsky.de und www.fallschrimspringen-sylt.de

19. Kinderyoga

Im Syltnesscenter wird in den Sommermonaten einmal wöchentlich ein spezieller Yogakurs für Kinder angeboten. Vorherige Anmeldung nicht erforderlich. **Adresse**: Dr.-Nicolas-Str. 3, **Kosten**: 11,00 €. **Tel.**: 04651-9980. Aktueller Kursplan unter www.syltnesscenter.de/fitness.

1. Aquarium in Westerland

Das perfekte Ausflugsziel für Regentage: Das Aquarium präsentiert die Schönheiten von zwei ganz unterschiedlichen Lebensräumen: Die Nordsee

und die tropischen Meereswelten. In **18 Schaubecken** kann man über 1.000 heimische Meeresbewohner und im Bereich der tropischen Gewässer die mehr als 500.000 Liter umfassende spektakuläre Korallenwelt bewundern. In einem Tunnel und einem Amphie-Theater-Becken treffen farbenfrohe Tropenfische auf Zitronen-, Riff- und Zebrahaie. Die gesamte Anlage ist durch die oft bodentief angebrachten Becken und großen Glasscheiben auch für kleine Meeresforscher gut geeignet. Außer sonntags werden zudem tägl.

Tipps:

Wer ab 16.00 Uhr kommt und eine gültige Gästekarte vorzeigt, bekommt 1,00 € Rabatt auf den Eintrittspreis. Preislich attraktiv sind auch die von den Adler-Schiffen angebotenen Kombitickets, bei denen verschiedene Attraktionen wie z. B. der Besuch des Aquariums und eine Fahrt zu den Seehundsbänken (s. S. 53) kombiniert werden. Infos unter Tel. 01805-123344 oder www.adler-schiffe.de Wer mit dem Bus

an- und abreist, kann für 16,50 € (Erw.) bzw. 11,90 € (Ki) sowie 44,00 € (2 Erw. und 2 Ki.) das Ticket Sylt Aquarium der SVG wählen. www.svg-busreisen.de/angebote

um 15.00 Uhr **Schaufütterungen** angeboten. **Adresse**: Gaadt 33. [■] **Alter**: Keine Vorgaben. **Öffnungszeiten**: 10.00-18.00 Uhr. **Kosten**: 13,50 € (Erw.), 10,00 € (Ki. 4-15 J.); Hunde 1,50 €; Familienkarten 35,50 € (2 Erw. u. 2 Ki.) oder 42,50 € (2 Erw. u. 3 Ki.). **Tel.**: 04651-8362522. www.syltaquarium.de

2. Erlebniszentrum Naturgewalten in List

Dieses 2009 eröffnete und am Rande des Lister Hafens gelegene Haus ist ein weiteres **Top-Ausflugsziel für Familien**. Auf ca. 1500 qm werden kleine und große Wunder zum Thema Klima, Wetter und Forschung anschaulich und interaktiv erklärt. Jeder Besucher wird mit einem **eigenen Kopfhörer** ausgestattet und kann in seinem Tempo von Infopunkt zu Infopunkt gehen. Dort verbindet man seinen Kopfhörer mit einem Kontaktschalter und bekommt entsprechende Erklärungen in Deutsch, Englisch oder Dänisch. Toll ist, dass es daneben auch eine extra **Kinderversion** (auf Deutsch) gibt, die die teilweise komplexen Themen kindgerecht und anschaulich beschreibt. So erzählen z. B. Zeitzeugen von ihren Erfahrungen mit Stürmen und Sturmfluten an der Nordsee, und der Anstieg des Meeresspiegels wird anschaulich dargestellt. Simulationen machen zudem komplexe Themen wie Ebbe und Flut sowie die Ent-

Tipp:

Die Eintrittskarte gilt immer für einen ganzen Tag, d. h. wenn eine Wissensüberflutung oder eine Unterzuckerung drohen, kann man die Ausstellung verlassen und z. B. im angrenzenden Restaurant oder im Hafen neue Kräfte sammeln, um dann gestärkt und wieder aufnahmebereit ins Museum zurückzukehren. Auch der museumseigene Spielplatz sowie der Außenbereich mit Picknickbänken bieten sich für eine entspannte und kostenfreie Pause mit Kindern an. Preislich attraktiv sind die Kobitickets (z. B. Kombination von Naturgewalten und Schiffstour zu den Seehundsbänken, s. S. 53). Wer mit dem Bus an- und abreist, kann bei der SVG für 20,00 € (Erw.), 31,40 € (1 Erw. und 1 Ki.), 41,60 € (1 Erw. und 2 Ki.) sowie 54,00 € (2 Erw. und 3 Ki.) das Ticket Naturgewalten List erwerben. www.svg-busreisen.de/angebote

stehung von Wind und Wellen verständlich. So kann man z. B. durch das Drücken von Tasten den Meeresspiegel um Sylt herum steigen lassen oder Windstärken vorgeben, um dann zu beobachten, wie aus zuvor glattem Wasser in einem langen Becken Wellen entstehen. Eindrucksvoll sind auch der **Sturmraum**, der diverse Windstärken fühlbar macht sowie

der **Watt-Tunnel**, der die Welt aus Sicht der Watttiere darstellt. Zudem gibt es spezielle interaktive Exponate, die besonders auf die Bedürfnisse der Kinder eingehen und zum Spielen und Verstehen einladen.

Abgerundet wird das Angebot durch eine **Dachterrasse** mit herrlichem Ausblick, ein Restaurant mit regionalen Köstlichkeiten, einen 800 qm großen **Außenspielplatz** mit Klettergerüst, Rutsche und Wasserpumpen, ein (überdachtes) **Seetierbecken** und ein Souvenirshop, an dem man selbst als Erwachsener schwer vorbeikommt.

Adresse: Hafenstr. 37. [■] **Alter**: Keine offizielle Vorgabe; geeignet für Kinder ab ca. 4 J. **Öffnungszeiten**: 10.00-18.00 Uhr, Juli u. Aug. bis 19.00 Uhr. **Kosten**: 13,00 € (Erw.), 8,50 € (Ki. von 4-15 J.), Familienkarte 35,00 € (2 Erw. und bis zu 3 Ki.). Beim Kartenkauf ist die Gästekarte (s. S. 17 f.) vorzuzeigen, ansonsten verteuern sich die Eintrittspreise um 1,00 € bis 3,00 €. **Tel.**: 04651-836190. www.naturgewalten-sylt.de

3. Schiffsfahrten

a) Piratenfahrt, Seehundsbänke und andere nordfriesische Inseln

Besonderes Highlight für die 4- bis 8-Jährigen ist die **Piratenfahrt**, bei der die Kinder (nur in Begleitung eines Erwachsenen) für 2 Stunden zu echten Piraten werden können. Noch im Lister Hafen werden die Hilfspiraten vom Piratenkapitän eingekleidet und bewaffnet. Anschließend wird die Gret Palucca geentert und die Piratenfahne gehisst. Unterwegs gibt es ein großes Piratenspektakel mit Mutproben, Meuterei, Schatzsuche und einem zünftigen Bordschluck. Auch die „Verwachsenen" sind willkommen und müssen – ob gewollt oder nicht – mitspielen.

Beschaulicher und naturnäher ist die schöne Fahrt zu den **Seehundsbänken mit Seetierfang**. Dabei kann man den Fischern bei der Arbeit zusehen, und wer mag, darf die „Beute" auch mal anfassen.

Wer neben Sylt auch noch andere Inseln kennen lernen möchte, kann z. B. Touren nach **Amrum, Föhr, Langeneß oder Hallig Hooge** machen. Wander- und Wattenmeerfreunde können auch mit dem Schiff von Hörnum nach Amrum oder Föhr fahren und dann mit fachkundigen Führern **zu Fuß durchs Watt** zur jeweils anderen Insel wandern; ein schönes Erlebnis vor allem für größere Kinder und Jugendliche.

Piratenfahrt: Mai-Okt.: Di. u. Fr., im Juli u. Aug. tägl. außer So., ansonsten wechselnde Termine; Abfahrt jeweils 16.15 Uhr ab List. **Kosten**: 22,00 € (Erw.), 17,00 € (Ki.). **Tickets nur im Vorverkauf. Sonstige Touren**: Seehundsbänke mehrmals tägl. ab List [■] und Hörnum [■]; Fahrten zu den anderen Inseln vormittags ab Hörnum. **Kosten**: Seehundsbänke: 18,50 € (Erw.), 14,50 € (Ki. 4-14 J.); andere Touren ab 26,50 € (Erw.). Für Familien werden teilweise auch vergünstigte **Familientickets** angeboten. Bei den Fahrten nach Amrum und Föhr sind max. 3 Ki. (6-14 J.) frei, wenn 2 Erw. Tagesfahrkarten erwerben. **Tel.**: 01805-123344 und 04651-98700 (Piratenfahrt). www.adler-schiffe.de

Tipp:

Wer mit dem Autozug angereist ist, erhält gegen Vorlage der Fahrkarte 15 % Rabatt auf die Touren nach Amrum, Föhr, Hooge und Gröde. Siehe auch die Kombitickets, bei denen verschiedene Attraktionen wie z. B. das Erlebniszentrum Naturgewalten oder das Aquarium mit Schiffsfahrten kombiniert werden (s. S. 53). Bei einer Anreise per Bus kann ebenfalls mit einem Kombiticket der SVG gespart werden (Fahrt zu den Seehundsbänken inkl. inselweite An- und Abfahrt 25,00 € (Erw.), 17,90 € (Ki.) und 69,50 € (Familien mit 2 Erw. u. max. 4 Ki.). www.svg-busreisen.de/angebote

b) Legoland in Dänemark

Die SVG bietet im Sommer eine **Tagestour** zum Legoland nach Dänemark an. Los geht es mit dem Bus in Westerland (ggf. kann auch in List zugestiegen werden),

von List aus fährt man dann mit der **Fähre** nach Dänemark und weiter mit dem **Bus** direkt zum Legoland. Dort hat man ca. 5 ½ Stunden Aufenthalt. **Gültiger Personalausweis erforderlich! Die Tickets müssen bis 16.00 Uhr des Vortages gekauft werden.** Sie sind im SVG-Pavillon am Bahnhofsvorplatz und im ZOB-Gebäude in Westerland sowie im Internet erhältlich. **Zeiten**: In den Sommerferien 1x pro Wo.; ggf. zusätzliche Termine im Herbst; Abfahrt 6.45 Uhr in Westerland; Rückkehr gegen 18.45 Uhr. **Alter**: Keine offizielle Vorgabe. **Kosten**: 57,00 € (Erw.), 47,00 € (Ki. 3-14.J.), jeweils inkl. Eintritt in das Legoland. **Tel.**: 04651-836100.

www.svg-busreisen.de **Alternativ** kann man auch mit dem **Privatwagen** die Fähre von List nach Rømø nutzen und die ca. 120 km bis zum Legoland selbst fahren. Für diese Strecke muss man allerdings bei den dänischen Straßenverhältnissen (Landstraße!) jeweils knapp 2 Stunden einplanen. Wenn man den Trip langfristig bucht, kann man zudem bei einer Buchung der Legoland-Tickets satte Rabatte einstreichen. www.legoland.dk/de/Tickets

c) Helgoland

Aufgrund der starken Nachfrage gibt es ab der Saison 2016 wieder jede Woche eine Schiffstour nach Helgoland. Mit dem „MS Adler-Express" wird man schnell und komfortabel über die Hochsee nach Helgoland gebracht und hat dort 3 Stunden Zeit, das interessante Eiland zu erkunden. Helgoland hat für jeden Besucher das Richtige zu bieten: Kulinarisches, zollfreien Einkauf oder die Themenwege (kostenlose Broschüre in der Helgoland-Touristik erhältlich) zu Kultur, Geschichte und Natur. Zeiten: Mai-Okt. jeden Montag; Abfahrt 10.25 ab Hörnum [■], Rückkehr gegen 18.00 Uhr. **Kosten:** 59,50 € (Erw.), 34,90 € (Ki. 6-14 J.), Familien 153,90 € (2 Erw. u. max. 3 Ki.). **Vorherige Buchungen erforderlich. Tel.:** 04651-98 70 888, www.adler-schiffe.de

4. Die Häfen in List und Hörnum

Ein absolutes Muss bei jedem Sylt-Urlaub ist ein Besuch der Häfen in List und Hörnum.

a) List

Insbesondere der Lister Hafen hat sich in den letzten Jahren immer mehr zu einer Art „Dauer-Event" entwickelt. Was ursprünglich mit einer

kleinen Fischbude anfing, ist heute ein Zentrum mit zahlreichen Geschäften, Restaurants und Cafés. In der **Tonnenhalle** herrscht eine marktähnliche Atmosphäre, und bei Gosch, früher die nördlichste Fischbude Deutschlands und heute ein großes Fisch-Imperium, ist immer Partystimmung. Vom Lister Hafen aus starten auch zahlreiche **Schiffstouren** einschließlich der **Piratenfahrt** (s. S. 53) sowie die Fähre nach Rømø (s. S. 15). Familienfreundlich ist auch der große kostenlose Parkplatz sowie der zentral gelegene Spielplatz (s. S. 28). [■]

b) Hörnum

Der Hafen in Hörnum hat in den letzten Jahren eine beeindruckende Entwicklung vollzogen, auch wenn es dort im Vergleich zu List immer noch

etwas beschaulicher und authentischer zugeht. Wer Glück hat, kann das Einlaufen eines Fischerboots oder die **zahme Robbe Willi** im Hafenbecken beobachten. Angeblich handelt es sich bei der im Hafen lebenden Kegelrobbe sogar um ein Weibchen, so dass sie eigentlich Wilhelmine heißen müsste. Für das leibliche Wohl sorgen im Hafen diverse Fisch- und Crêpe-Buden. Auch von Hörnum aus starten zahlreiche **Schiffstouren** (s. S. 53). Zudem gibt es eine schöne Strand-promenade mit weiteren Unterhaltungsmöglichkeiten (z. B. Trampolin s. S. 45) und einen besonders bei kleineren Kindern beliebten **Strand** (s. S. 20 f.). Geparkt werden kann auf einem größeren, zwischen Strandpromenade und Hafen gelegenen Parkplatz (parkscheinpflichtig). [■]

5. Tierpark in Tinnum

In diesem ca. 30.000 qm großen privaten Tierpark, der mit viel persönlichem Engagement gepflegt wird, kann man insgesamt 400 einheimische und exotische Tiere bewundern. Die Tiere dürfen auch gefüttert und

teilweise gestreichelt werden. In der Mitte des Parks befindet sich ein kleiner See, auf dem man **kostenlos Tretboot** fahren kann. Auch der obligatorische Spielplatz sowie ein kleiner Gastronomiebetrieb sind vorhanden. **Adresse**: Ringweg 100. [■] **Alter**: Keine offizielle Vorgabe; gut geeignet für Kinder zwischen 2 und 7 J. **Öffnungszeiten**: Mai-Okt. 10.00-19.00 Uhr. **Kosten**: 14,00 € (Erw.), 7,00 € (Ki. 3-14 J.). **Tel.**: 04651-32601.

6. Feuerwehrmuseum in Keitum

In dem aus dem Jahre 1906 stammenden Gebäude befindet sich seit 1998 ein Museum der Feuerwehren Sylt-Ost. In dem 60 qm großen Raum werden

150 Jahre Feuerwehrgeschichte gezeigt. So kann man z. B. eine – noch funktionsfähige! – Handdruckspritze aus dem Jahr 1880, alte Atemschutzgeräte, Schläuche, Uniformen, Fotos und Feuerwehrhelme bewundern. Falls jemand Fragen zu den Exponaten hat, werden diese von den anwesenden Feuer-

wehrmännern sehr freundlich beantwortet. **Adresse**: C.-P.-Hansen-Allee 9. [■] **Alter**: Keine offizielle Altersbeschränkung; geeignet für Kinder ab 2 J. **Öffnungszeiten**: April-Okt. Di. 10.30-13.00 Uhr. **Kosten**: Keine; es wird um eine Spende gebeten. **Infos**: ISTS (s. S. 17).

7. Naturzentrum Braderup

Von hier aus werden die Naturschutzgebiete Morsum Kliff und Braderuper Heide betreut. Im Naturzentrum kann man Wissenswertes über den **Lebensraum Wattenmeer** und die Dünenlandschaften erfahren. Angeboten werden zudem Heidewanderungen, Wattwanderungen (s. S. 47 f.), Morsum Kliff Führungen, Natur- und Kräutergartenführungen mit Teerunde, naturkundliche Fahrradtouren sowie Vorträge zu aktuellen naturschutzbezogenen Themen (z. B. „Küsten im Klimawandel", „Fischerei auf Sylt", „Vögel der Insel" oder „CO2-Endlagerung und die Gefahren"). Die aktuellen Themen und Termine erfährt man im Naturzentrum sowie im

Internet. **Adresse**: M.-T.-Buchholz-Stich 10a. [■] **Alter**: Ab ca. 3 J. **Öffnungszeiten**: 1.4.-31.10. Mo.-Sa. 10.00-18.00 Uhr. **Kosten**: Keine; es wird um eine Spende gebeten. **Tel.**: 04651-44421. www.naturschutz-sylt.de

8. Arche Wattenmeer in Hörnum

In der ehemaligen St.-Josef-Kirche in Hörnum befindet sich mittlerweile die neue Nationalpark-Ausstellung **Arche Wattenmeer**. Auf 800 m² Aus-

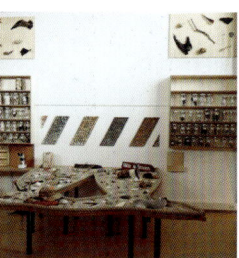 

stellungsfläche werden unterschiedliche Themenbereiche rund um die Nordsee erlebbar gemacht. Aquarien und eine große Holzarche bilden den Mittelpunkt um weitere originelle, anschauliche und kindgerechte Ausstellungsmodule. **Adresse**: Rantumer Str. 33. [■] **Öffnungszeiten** Tägl. 10.00-18.00 Uhr (April-Oktober; im Winter eingeschränkte Öffnungszeiten). **Kosten**: 5,00 € (Erw.), 3,00 € (Ki. 4-15 J.), Familienkarte 13,00 € (2. Erw.+2 Ki.) **Tel.**: 04651-8862229. www.arche-wattenmeer.de

9. Leuchtturm-Besichtigung in Hörnum

Wer einen echten Leuchtturm von innen besichtigen möchte, hat in Hörnum dazu während einer einstündigen Führung die Gelegenheit und kann dabei Vieles über die Geschichte des Leuchtturms - in dem zeitweilig auch mal eine Schule untergebracht war - sowie die Arbeiten im Leuchtturm erfahren. **Anmeldung** (per Telefon oder per Mail an info@ho-

ernum.de) **erforderlich**. Aufgrund der begrenzten Teilnehmerzahl und der großen Nachfrage ist eine **frühzeitige** Anmeldung zu empfehlen. **Adresse**: Rantumer Str. 20. [■] **Alter**: Ab 8 J. **Termine und Uhrzeit**: In der Saison Mo, Mi. u. Do. stündlich zwischen 9.00 und 12.00 Uhr. **Kosten**: 5,00 € (Erw.), 2,50 € (Ki.). **Infos**: Tourismus-Service Hörnum (s. S. 17).

10. Heimatmuseum in Keitum

Wer sich für die Geschichte der Insel interessiert, kann in diesem ehemaligen Kapitänshaus von 1759 viel Wissenswertes erfahren. Dargestellt werden z. B. prähistorische und frühgeschichtliche Funde aus dem Morsum Kliff, Exponate zur Geschichte der Seefahrt sowie des

Tipps:

Jeden Donnerstag von 14.00-16.00 Uhr kann man echten Handwerkerinnen beim Klöppeln, Spinnen und Bändchenweben über die Schulter schauen.

Walfangs. Zudem vermitteln alte Trachten, Münzen und Seekarten sowie eine Sammlung von Standuhren ein Bild von früheren Zeiten.

Adresse: Am Kliff 19. [■] **Alter:** Keine offizielle Vorgabe. **Kosten:** 6,00 € (Erw.), 2,50 € (Ki. 6-14 J.). **Öffnungszeiten:** Ostern-Okt. Mo.-Fr. 10.00-17.00 Uhr; Wochenende u. Feiertage 11.00-17.00 Uhr; im Winter Mi.-Sa. 12.00-16.00 Uhr. **Tel.:** 04651-31669. www.soelring-foriining.de

Tipps:

Familienfreundlich ist das Ticket Museumsinsel Sylt. Für 12,50 € kann man damit das Heimatmuseum und das Altfriesisches Haus in Keitum, das Denghoog in Wenningstedt (s. S. 61) und die Vogelkoje in Kampen (s. S. 61) besuchen. Kauft ein Erwachsener dieses Ticket, haben alle dazugehörigen Kinder bis 15 Jahre freien Eintritt – und das für eine ganze Saison, d. h. man kann die Museen an unterschiedlichen Tagen und ggf. mehrmals besuchen. Wer mit dem Bus anreist, kann zudem von dem Angebot Keitum Kultur der SVG profitieren. Dabei zahlt man für die inselweite Bus An- und Abreise nach Keitum und den Eintritt in das Sylter Heimatmuseum sowie in das Altfriesische Haus 13,00 € (Erw.) bzw. 6,50 € (Ki.). www.svg-busreisen.de/angebote

11. Altfriesisches Haus in Keitum

In diesem 1739 erbauten Haus ist eine friesische Wohnung des 18. und Anfang des 19. Jahrhunderts zu besichtigen. In den relativ niedrigen Räumen kann man Küche, Stube, Pesel (die gute Stube), Schlafräume und Vorratskammer bewundern. Im Winter sollte man sich allerdings auch im Museum warm anziehen, denn zur Schonung des antiken Mobiliars wird auf eine Be-

heizung der Räume verzichtet. **Adresse**: Am Kliff 13. [■] **Alter**: Keine offizielle Vorgabe. **Öffnungszeiten und Web**: Wie Heimatmuseum (s.o.). **Kosten**: 5,00 € (Erw.), 2,50 € (Ki. 6-14 J.); s. auch die Sondertarife Museumsinsel Sylt und Keitum Kultur (Tipps beim Heimatmuseum). **Tel.**: 04651-31101.

12. Vogelkoje in Kampen

In der aus dem **18. Jahrhundert** stammenden und nach holländischem Muster gebauten Entenkoje kann man nachvollziehen, wie früher die **Wildenten** gefangen wurden: Mit Hilfe eines künstlich angelegten Wäldchens und eines Süßwassertümpels wurden sie angelockt und von einer Lockente mit gestutzten Flügeln in 4 schmale Gräben geführt, die jeweils in einem Fangsack endeten. Da sich die Enten von jedem noch so kleinen Geräusch ablenken ließen, war es während der Fangzeiten von August bis Dezember polizeilich verboten, in einem Umkreis von 2 Kilometern zu sprechen (!), zu singen oder gar zu schießen. Als Anfang des 20. Jahrhunderts die Straße nach List gebaut wurde und gleichzeitig der militärische und touristische Betrieb zunahm, musste die Vogelkoje 1921 geschlossen werden, weil ein erfolgreicher Betrieb aufgrund des gestiegenen Geräuschpegels unmöglich geworden war. Heute erwartet die Besucher neben einer Ausstellung zur Kulturgeschichte auch ein Naturlehrpfad durch den Erlenbruchwald. **Adresse**: Lister Str. 100 (3 km nördlich von Kampen an der Straße nach List). [■] **Alter**: Keine Vorgabe. **Öffnungszeiten**: Ostern-Okt. 10.00-17.00 Uhr; Nov.-März geschl. **Kosten**: 4,00 € (Erw.), 2,00 € (Ki. 6-14 J.). Auch hier gibt es den Sondertarif Museumsinsel Sylt (s. Tipps beim Heimatmuseum). **Tel.**: 04651-871077. www.soelring-foriining.de

13. Denghoog in Wenningstedt

Bei dieser Sehenswürdigkeit handelt es sich um das größte und besterhaltene begehbare **Dünengrab** Nordwesteuropas. Der Name Denghoog bedeutet „Thing-Hügel" und weist darauf hin, dass die Germanen dort ihre **Gerichtsverhandlungen** abhielten. Heute können die Besucher in die ovale Grabkammer (5m lang, 3m breit und 1,8m hoch) durch einen schmalen Gang oder durch ein Loch in der Decke gelangen. **Adresse**: Bi Kiar (neben der Friesenkapelle und dem Spielplatz, s. S. 27 f.). [■] **Alter**: Ab ca. 3 J. **Öffnungszeiten**: Ostern-Okt. Mo.-Fr. 10.00-17.00 Uhr, Sa., So. und Feiertage 11.00-17.00 Uhr; Nov.-März nach telefonischer Voranmeldung. **Kosten**: 2,50 € (Erw.), 1,50 € (Ki. 6-14 J.). **Tel.**: 04651-32805. www.soelring-foriining.de

Tipp:
Sondertarif Museumsinsel Sylt (s. o. beim Heimatmuseum).

14. Eidum Vogelkoje in Rantum

Wenn man zwischen den Parkplätzen Oase zur Sonne und Dikjen Deel auf der Rantumer Straße von Westerland nach Rantum links abbiegt, ge-

langt man zu der Eidum Vogelkoje. Dort führt ein schöner Pfad durch unberührte Natur. Neben einem schönen Seerosen-Teich kann man auch sehen,

wie früher die Enten gefangen wurden. In einem Ausstellungsraum sind ausgestopfte Tiere zu bewundern, und es werden Informationen über die örtliche Flora und Fauna präsentiert. **Adresse**: Rantumer Straße. [■] **Alter**: Keine offizielle Vorgabe. **Kosten**: Keine; es wird um eine Spende gebeten. **Öffnungszeiten**: März-Okt. Mo.-Sa. 10.00-12.00 Uhr, Di. u. Do. 14.00-18.00 Uhr, Mi. u. Fr. 16.00-18.00 Uhr. **Tel.**: 04651-4812; Anmeldung für Gruppen: 0171-2167887.

Zusätzlich zu den bisher dargestellten vielfältigen Sport- und Ausflugs-
möglichkeiten bietet die Insel für Familien mit Kindern und Jugendlichen
noch eine Vielzahl an Special Events, die jeweils unvergessliche Stunden
versprechen. Im Folgenden werden zunächst diejenigen Angebote dargestellt, die sich auf mindestens 2 oder mehr Orte beziehen. Anschließend erfolgt die weitere Darstellung anhand der Orte der Insel.

Soweit jeweils nichts anderes angegeben, sind die **aktuellen Termine**
dem **Veranstaltungsprogramm** und der **Tagespresse** zu entnehmen sowie bei den **Tourismus-Informationen** (telefonisch oder im Internet) zu
erfahren (s. S. 17). Dort erhält man jeweils auch noch weitergehende Informationen.

1. Ortsübergreifende Veranstaltungen
a) Weihnachtsmärkte

Wer in der Adventszeit auf Sylt ist, kann an jedem Wochenende einen anderen Weihnachtsmarkt besuchen. Beliebte einheimische Leckereien und
vielfältiges Kunsthandwerk gibt es z. B.
am 1. Adventswochenende im festlich ge-
schmückten **Muasem Hüs in Morsum** (s.
S. 69 f.). Ein weiterer Markt findet ebenfalls am 1. Adventswochenende in der
Turnhalle der Alten Grundschule in **List**
(Landwehrdeich 1) statt, wo u. a. zum
Knusperhäuserbauen, Basteln und Ba-
cken eingeladen wird. Beim Weihnachtsmarkt im Kampener **Kaamp-Hüs** (Hauptstr. 12) wird am 2. Adventswochenende
neben einem großen Angebot an Kunsthandwerk und kreativen Geschenken
auch ein **spezielles Kinderprogramm** mit

Puppentheater, Feuerwehrfahrten, Linoldrucken, Laubsägearbeiten und
weihnachtlichem Basteln geboten. Weitere kleine Märkte werden an unterschiedlichen Adventswochenenden in Keitum, Tinnum und Hörnum veran-
staltet. Im **Dorfhotel in Rantum** (s. S. 79) locken in der Vorweihnachtszeit
eine große Kinderecke, eine Kinderbäckerei und eine gemütliche Lese-
stunde vor dem Kamin.

Jeweils **an allen Adventswochenenden** sowie vom 24. bis 30. Dezember
baut der bekannte Koch und Gastronom **Jörg Müller** vor seinem Restaurant

in **Westerland** (Süderstr. 8) eine wunderschöne kleine Budenstadt auf, bei der die Kinder in einem nostalgischen Karussell fahren und heiße Schokolade mit himmlischen Keksen genießen können. Zudem kommt täglich der Weihnachtsmann vorbei, und es findet eine Plätzchenbäckerei statt.

b) Weihnachts- und Neujahrsbaden

Weihnachtsurlauber dürfen auf keinen Fall am **26. Dezember** das **Weihnachtsbaden** um 14.30 Uhr am Hauptstrand in Westerland verpassen.

Dort versammeln sich jährlich abgehärtete Einwohner und Gäste, um sich in die kalten Fluten zu wagen. Teilweise werden auch lustige Kostüme zur Schau gestellt. Damit die Zuschauenden nicht schon beim Zugucken frieren, werden ausreichend heiße Getränke angeboten.

Ein ähnliches Spektakel gibt es beim **Neujahrsbaden** am **1. Januar** um 14.00 Uhr am Hauptstrand in Wenningstedt am Kliff.

c) Biikebrennen

Wer sich Mitte/Ende Februar auf die dann meist aufgrund des Wetters etwas raue Insel traut, wird durch ein ganz besonderes Fest belohnt: Am **21.**

Februar, dem heimlichen Nationalfeiertag der Friesen, treffen sich bei Einbruch der Dunkelheit Familien und Freunde, Einheimische und Gäste und marschieren gemeinsam mit brennenden **Fackeln** zu den Biikestellen. Dort sind alte Tannenbäume und Gehölz zu großen **Scheiterhaufen** gelegt, die auf das Stichwort „Tjen di Biiki ön" in Flammen aufgehen. Dazu wird die Sylter Hymne „Üüs Söl'ring Lön" gesungen und es werden einige Reden auf deutsch und auf friesisch vorgetragen. Anschließend wird traditionell Grünkohl gegessen. Weitere Infos unter www.biike.de

d) Oster-Events

Am Ostersamstag startet ein traditioneller **Fackelzug** an der Feuerwache Steintal in Hörnum. Die Fackeln werden um 20.00 Uhr beim Tourismus-Service (s. S. 17) ausgegeben. Besonders nett ist der **Ostereierlauf** in Kampen, bei dem die Kinder am Ostersonntag um 14.00 Uhr auf dem **Strönwai** mit Ostereiern auf den Löffeln um die Wette laufen, während sich die Wirte das Fell über die Ohren ziehen und sich im Hasenkostüm präsentieren. Im Anschluss kann man am Kampener Strand (Buhne 16)

ein Osterfeuer genießen. Ebenfalls am Ostersonntag findet in Hörnum die „Hörnumer Hasenjagd" statt: Wer die fünf bunten Ostereier mit den Lösungsbuchstaben findet, nimmt an einem Gewinnspiel teil. Kostenlose Teilnahmekarten gibt es beim Tourismus-Service Hörnum (s. S. 17). Auch im nördlichsten Ort der Insel wird im Erlebniszentrum Naturgewalten am Osterwochenende Jagd auf die Ostereier gemacht, eingebettet in ein buntes Rahmenprogramm mit Zauberer und Bastel-Angeboten (weitere Infos unter www.naturgewalten-sylt.de).

e) Sommerliche Dorf- und Hafenfeste

Zwischen Juni und August finden fast wöchentlich besondere Feste statt. So kann man sich im Juni auf den Dorffesten in Hörnum und Morsum vergnügen. Im Juli starten die Ortschaften Rantum, Tinnum und Wenningstedt durch. Den Abschluss bilden im August die Dorffeste in Keitum und Archsum sowie die Hafen-Feste in List und Hörnum. Geboten werden u. a. Schiffsfahrten, Schiffsbesichtigungen, Live-Musik, Kinder-Spielstraßen und -Karussells, Wasserspritzen, Negerkussweitwurf, Flohmärkte, Kunsthandwerk, Feuerwerk, Krabbenpulwettbewerb, Entenrennen etc. und natürlich Essen und Trinken. **Infos** bei den jeweiligen Tourismus-Services (s. S. 17).

f) Fun Beach in Westerland und Rantum

Zwischen dem 1. Juli und dem 31. August kann man am Strand nicht nur schwimmen und joggen, sondern auch noch – aktiv oder passiv – an besonderen Aktionen teilnehmen. **Beachvolleyball, Soccer, Basketball, Beachball, Lacrosse, Speedmintion und Boccia** können ausprobiert oder angeschaut werden. Für Aktive jeden Alters gibt es ein täglich wechselndes Angebot, wobei das lockere Miteinander im Vordergrund steht. Sportliche Betreuung (Animation) wird nur in Westerland angeboten. **Adresse**: Brandenburger Strand in Westerland [■]; in Rantum zwischen ADS-Heim und Campingplatz. [■] **Alter**: Ab ca. 10 J. **Zeiten**: Westerland 12.00-18.00 Uhr; Rantum 14.30-16.00 Uhr. **Kosten**: Keine. **Infos**: ISTS (s. S. 17).

2. Westerland
a) Surf-Events

Am Himmelfahrtswochenende wird die (Surfer-)Sommersaison auf Sylt mit dem „Rollei Summer Opening" eröffnet. Ebenso wie bei dem im Hochsommer stattfindenden Surf Cup wird den Besuchern nicht nur Windsur-

fing der Spitzenklasse, sondern ein breites, auch für Familien attraktives Rahmenprogramm geboten. Neben den üblichen Verzehrsständen gibt es interessante Verkaufsstände sowie zum Surf Cup u. a. eine (kostenlose) Skaterbahn sowie (kostenpflichtige) Bungee-Trampoline direkt am Strand. **Adresse**: Brandenburger Strand. [■]

Termine 2016: Opening 4.-8.5., Surf Cup 27.-31.7. Weitere **Infos** und **Termine**: www.summeropeningsylt.de, www.surfcup-sylt.de, www.sylt-surfcup.de

b) Kindertheater

Jeweils zu Ostern, zu Pfingsten, im Sommer, in den Herbstferien sowie um Weihnachten herum werden in Westerland verschiedene Kinder-/Figuren-Theateraufführungen angeboten (z. B. „Peter Pan"; „Jim Knopf", „Bernsteinfisch"). **Adresse**: Congress Centrum Westerland (Saal Frisia), Friedrichstr. 44. [■] **Alter**: Ab 4 J. **Kosten**: Ab ca. 10,00 €. **Infos**: ISTS (s. S. 17).

c) Sylt Bibliothek

In der Sylt Bibliothek in Westerland warten neben mehr als 20.000 Büchern und Hörbüchern, Zeitungen und Zeitschriften, Musik-CDs und Kinderkassetten auch Filme und Gesellschaftsspiele auf Krimifans und Monopoly-Meister. Da lässt sich, insbesondere an Regentagen, für jeden etwas Passendes finden. Neben dem großen Lesesaal gibt es auch ein **Spielzimmer** für Kinder, in dem die zahlreichen Spiele direkt vor Ort ausprobiert werden können. Wer es bei schlechtem Wetter erst gar nicht bis in die Bibliothek schafft, kann auch von der neuen „**onleihe**" profitieren und die Medien direkt und komfortabel aufs eBook, Smartphone oder den MP3-Player laden. **Adresse**: Stephanstr. 6b. [■] **Öffnungszeiten**: Mo.- Sa. 10.00-13.00 u. 15.00-18.00 Uhr, Mi u. Sa nur vormittags. **Kosten**: Für Kinder ist das Ausleihen kostenlos, Erwachsene zahlen 4,00 € für 4 Wochen. Beim erstmaligen Ausleihen bitte Personalausweis mitbringen. **Tel**: 04651-851270. www.sylt-bibliothek.de

d) Rettungsschwimmertage

Bei den Rettungsschwimmertagen in Westerland geben **echte Rettungsschwimmer** Einblicke in ihren Arbeitstag und erklären z. B. die besonderen Gefahren beim Baden in der Nordsee mit Gezeiten, Wind und Strömungen, den Einsatz von Rettungsmitteln, Rettungs- und Befrei-

ungsgriffe, Erste Hilfe am Meer, Flora und Fauna sowie Natur- und Küstenschutz. Am Ende bekommt jeder Teilnehmer ein Überraschungsgeschenk und eine Urkunde als Erinnerung an einen ereignisreichen und lehrreichen Nachmittag. **Anmeldung erforderlich. Treffpunkt**: Rettungsschwimmerstand 4.42 (Hauptstrand in Westerland). [■] **Alter**: 8-16 J. **Zeiten**: Juli-Sept. 1x wöchentl. 13.00-17.00 Uhr. **Kosten**: 35,00 €.; Bronze Schwimmabzeichen erforderlich. **Infos**: ISTS (s. S. 17).

3. Sylter Osten

a) Schokoladenseminar in Tinnum

In der Sylter Schokoladenmanufaktur werden köstliche und mittlerweile über die Insel hinaus bekannte Schokolade, Trüffelmasse und Pralinen hergestellt. Beim Schokoladenseminar kann man den Profis bei der Arbeit über die Schulter gucken und anschließend selbst zum Schokolatier werden und seine eigenen Pralinen oder seine eigene Tafel Schokolade herstellen. Dauer: ca. 3 Std., von April bis Oktober. **Adresse**: Zum Fliegerhorst 15. [■] **Alter**: Ab 6 J. **Kosten**: 24,90 € (Erw.), 15,00 € (Ki. bis 16 J. in Begleitung eines Erw.). **Infos**: ISTS (s. S. 17) sowie www.cafe-wien-sylt.de

b) Salzgrotte in Tinnum

Wer sich nicht nur ausruhen, sondern dabei noch etwas für seine Gesundheit tun möchte, ist in der Tinnumer Salzgrotte richtig. Eine Temperatur von ca. 20 Grad, eine bestimmte Luftfeuchtigkeit und die Luftzirkulation bewirken, dass Mineralstoffe wie Magnesium, Eisen, Calcium, Selen oder Kalium aus dem Salz freigesetzt und mit jedem Atemzug aufgenommen werden. Dies soll sich z. B. auf Heuschnupfen, Asthma, Tinnitus, Neurodermitis u. v. m. positiv auswirken. **Adresse**: Ingewai 3c. [■] **Alter**: Keine offizielle Vorgabe; **Gäste mit Kindern unter 10 J. werden um vorherige Anmeldung gebeten. Öffnungszeiten**: Mo.-Do. 9.45-13.00 u. 14.45-18.00 Uhr, Fr. nur nachmittags, Sa. 13.45-16.00 Uhr. **Kosten**: 14,50 € (Erw.), 11,50 € (Ki. zw. 3-16 J.). **Tel.**: 04651-31651. www.salzreichaufsylt.de

c) Familienkutschfahrten in Keitum

Falls die Kinder noch zu klein für ausgedehnte Spaziergänge oder Fahrradtouren sind oder man sich einfach mal kutschieren lassen möchte, stellen die Familienkutschfahrten eine attraktive Möglichkeit dar. Während einer gemütlichen Tour zeigt der Kutscher schöne und z. T. auch unbekannte Stellen in Wenningstedt-Braderup und führt durch die wunderschöne Landschaft. **Vorherige Anmeldung beim Kutscher erforderlich! Treffpunkt**: Parkplatz Keitum-West. [■] **Zeiten**: Von Mai bis Okt. mittwochs und sonntags jeweils stündlich zwischen 11.00 und 14.00 Uhr. **Kosten**: Ca. 8,00 € (Erw.), ca. 4,00 € (Ki. bis 12 J.). **Infos**: Direkt beim Kutscher Matthias Tölke unter 0175-2074300.

d) Veranstaltungen im Muasem Hüs in Morsum

Im und um das Morsumer Muasem Hüs finden im Laufe des Jahres zahlreiche attraktive Veranstaltungen statt. Kurz vor dem neuen Jahr lädt der **Neujahrsmarkt** vom 28. bis 30. Dezember ins Muasem Hüs ein, bei dem Antikes, Schmuck, Kunsthandwerk und Flohmarktartikel offeriert werden; zudem werden regionale Spezialitäten sowie Kaffee und Waffeln geboten.

Beim spätsommerlichen **Mittelaltermarkt** im August machen zahlreiche Handwerker- und Kunsthandwerksstände, Gaukler und Musiker das Mittelalter wieder lebendig. Drechsler, Kupferschmiede, Zinngießer, Bürstenmacher und weitere Aussteller zeigen ihr Können. Gastronomische Stände wie eine Taverne, ein Wildwurstgrill und eine historische Schaubäckerei sorgen für authentischen Gaumenschmaus.

Der traditionelle **Herbstmarkt** findet an einem Wochenende im September statt. Zahlreiche Sylter Anbieter offerieren regionale Produkte und Kunsthandwerk. Mit dabei sind auch die Weberinnen der Söl´ring Foriining, die an alten Webstühlen arbeiten. Für Kinder gibt es extra kleine Kinderwebstühle zum Ausprobieren. Zudem wird aus Sylter Äpfeln in einem Häcksler und einer Wäscheschleuder frischer Apfelsaft zubereitet.

Mittelaltermarkt

Weihnachtsmarkt

Für das leibliche Wohl sorgt im Übrigen ein Bistro mit saisonalen und regionalen Gerichten.

Beim Morsumer **Weihnachtsmarkt** präsentieren rund 40 meist private Aussteller an ihren Ständen Handarbeiten, weihnachtliche Dekoartikel, Kunsthandwerk, Antikes, Puppen, handbemalte Glaskugeln, Schmuck u. v. m. Für das leibliche Wohl sorgt das Angebot der auf dem Parkplatz aufgebauten Buden. Für Kinder gibt es ein spezielles Programm mit Rallye, Basteln, Märchen lesen und natürlich dem Weihnachtsmannbesuch. Der **Eintritt** ist jeweils **frei**. **Adresse**: Bi Miiren 1. [■] **Tel.**: 04651-890732.

4. Rantum und Hörnum

a) Puppenbühne in Rantum

Aus dem Rantumer Veranstaltungsprogramm nicht mehr wegzudenken sind die zahlreichen Auftritte der Wyker Puppenbühne. Mit liebevoll gestal-

teten Puppen und lustigen und lehrreichen Klassikern wie „Der gestiefelte Kater", „Rumpelstilzchen" oder „Der kleine Muck" begeistert der Puppenspieler Arno von Beuckenhauer immer wieder sein Publikum. **Adresse**: Strandweg 7, Kursaal Rantum. [■] **Alter**: Ab ca. 4 J. **Zeiten**: 11.00 oder 15.00 Uhr. **Kosten**: Ab 3,00 €. **Infos**: ISTS (s. S. 17) und www.wykerpuppenbuehne.de

b) Musical Workshops in Hörnum

In den Musical Workshops (z. B. „Mama Mia", „König der Löwen") können Kinder und Jugendliche Bühnenluft schnuppern. Unter professioneller Anleitung lernen sie innerhalb einer Woche täglich drei Stunden lang Songs, Szenen und Choreographien aus den weltbekannten Shows. Am Ende der Woche zeigen sie ihr Können in einem eigenen Medley. **Vorherige Anmeldung erforderlich**. **Alter**: 7-17 J. **Kosten**: ca. 100,00 €. **Zeiten**: Mo-Fr. 10.00-13.00 Uhr. **Infos**: Tourismus-Service Hörnum (s. S. 17).

c) Mittsommernachtswanderung mit Fackeln um die Hörnumer Odde

Ein besonderes Erlebnis für Familien mit größeren Kindern bietet die Mittsommernachtswanderung in Hörnum. Jedes Jahr am **20. Juni** werden Einwohner und Gäste zu einer eindrucksvollen Nachtwanderung eingeladen. Um 22.30 Uhr werden Fackeln ausgegeben, die vor dem Restaurant Kap-Hoorn (Süderende) entzündet werden. Gemeinsam wird dann am Strand entlang in Richtung der Sylter Südspitze gewandert, bis nach ca. 1 ½ Stunden der Zielpunkt im Hafen erreicht ist; wen dann immer noch nicht die Müdigkeit heimsucht, kann die Nacht bei der Mittsommernachts-Party im Südkap zum Tag machen. **Treffpunkt**: Rantumer Straße 20. [■] **Kosten**: Keine. **Infos**: Tourismus-Serice Hörnum (s. S. 17).

d) Nachtwanderungen, Märchenabende, Bernsteinschleifen und Raubtierfütterungen in Hörnum

Die Schutzstation Wattenmeer bietet mehrere speziell auf Kinder und Jugendliche zugeschnittene Angebote. **Für alle Veranstaltungen ist eine Anmeldung erforderlich**: Bei den ca. 1

$^1/_2$-stündigen **Nachtwanderungen** kann man die Inselküste mit allen Sinnen erleben. Die Anfangszeiten variieren entsprechend der Jahreszeit von 19.00 Uhr im Winter bis zu 22.00 Uhr im Sommer. Bei den **Märchenabenden** werden Geschichten von der Nordsee gelesen, Bilder gemalt und gespielt, und in den Aquarien können die verschiedenen Meereslebewesen bestaunt werden.

Beim **Bernsteinschleifen** kann man sich das Gold von Nord- und Ostsee als ganz persönliches Andenken schleifen; die zu bearbeitenden Bernsteine werden gestellt. Wer sich zur **Raubtierfütterung „Fressen und gefressen werden" in den Aquarien** traut, lernt viel über den Lebensraum Wattenmeer. Krebse, Fische und seltsame Blumentiere sowie die ansonsten im Verborgenen lebenden Tiere können hautnah erlebt werden. **Alter**: Nachtwanderungen ab ca. 4 J., andere Veranstaltungen ab ca. 3 J. **Kosten**: Bernsteinschleifen: 10,00 € (Erw.) und 7,00 € (Ki.). Bei Wanderungen, Führungen und Vorträgen gilt eine Spendenempfehlung von 6,00 € (Erw.) bzw. 3,00 € (Ki.); **Tel.**: 04651-881093. www.schutzstation-wattenmeer.de

5. Wenningstedt-Braderup, Kampen und List
a) Circus Mignon in Wenningstedt

Ein absolutes Highlight des Sylter Sommerangebots für Kinder ist der InselCircus. Von Ende Juni bis Ende August können Kinder auf der Insel in die Welt des Zirkus eintauchen. Der Mignon InselCircus steht seit 18 Jahren für **kreative Zirkuspädagogik**, ein weltweit **renommiertes Artistenfestival** und **spektakuläre Shows**. Täglich werden verschiedene Workshops angeboten: Kinder zwischen 3 und 5 Jahren können im **FlohCircus** einen Nachmittag oder eine Woche lang täglich 3 Stunden verbringen, Zirkusnummern einstudieren, in Kostüme schlüpfen, basteln und Zirkuslieder lernen. Kinder ab 6 Jahren werden im **MitmachCircus** zu richtigen Artisten und Kinder ab 12 Jahren können zudem als **YoungStars** mit ihrem Trainer eine eigene Varietee-Performance entwer-

fen. Krönender Abschluss ist dann die wöchentliche Vorstellung, freitags um 17.00 bzw. 20.30 Uhr (YoungStars) im großen Zirkuszelt, zu der nicht nur die Eltern der jungen Artisten, sondern auch andere Kinder und Erwachsene kommen dürfen. Geboten wird zudem eine **Mittagsbetreuung**, bei der die jungen Stars zusammen mit den Artisten im Zirkuszelt zu Mittag essen. Neu im Programm ist die **Wissenschafts-Challenge**. Da werden Kinder ab 8 Jahren um 17.00 Uhr vom Science-Team empfangen, nähern sich dem Challenge-Thema des Nachmittags mit einem Film, gehen gemeinsam auf Exkursion und anschließend ins Experimentier-Labor, um den erlebnisreichen Nachmittag mit einem gemeinsamen Dinner im Circorante (s. S. 80) ausklingen zu lassen. Und wer dann immer noch mehr Zirkus-Feeling wünscht, kann sogar in den bunten Zirkuswagen übernachten und elternfreie Ferien machen (**Zirkushotel**). Aufgrund der großen Nachfrage ist für alle Kurse eine **frühzeitige Anmeldung zu empfehlen**.

An 4 Tagen in der Woche wird zudem die **Show „Impressionen aus aller Welt"** mit einer Mischung aus Tanz, Theater, Akrobatik und Musik für die ganze Familie geboten; jede Woche kommt eine andere Gastgruppe, z. T. aus fernen Ländern. **Adresse**: Kampener Weg. [■] **Zeiten**: Die Programme Floh-, MitmachCircus und YoungStars gehen jeweils über eine Woche Mo.-Fr. 10.00-13.00 od. 14.00-17.00 Uhr; Zirkuskurse am Nachmittag für Kinder ab 3 J. Mo. u. Fr. 15.00-17.00 Uhr. Mittagsbetreuung von 13.00-15.00 Uhr. Vorstellung: Mo., Di. u. Do. 17.00 Uhr, Mi. 15.00 Uhr. **Kosten**: Ab 10,00 € (Wissenschafts-Challenge), 20,00 € (Mittagsbetreuung mit Mit-

tagessen), 22,00 € (Zirkuskurse am Nachmittag); 75,00 € (Übernachtung); 110,00 € (Floh- und MitmachCircus, YoungStars sowie Stunt-
Workshop pro Woche); 190,00 € (Filmworkshop). Nachmittags-Show:
10,00 € (Erw.), 5,00 € (Ki.), montags sind Ki. frei. **Tel.**: 040-32082802
und 04651-299499 (ab Anfang Juli). www.circus-mignon.de

b) Spielnachmittage und Kinderhitparade in Wenningstedt

Bei den **Spielnachmittagen** auf der Wiese am Minigolfplatz darf nach Her-
zenslust auf diversen Geräten getobt und gespielt werden. Neben dem
hohen Spaßfaktor verbessern die Geräte Geschicklichkeit und Leistungs-
fähigkeit und fördern Phantasie und Lernfreude.
Bei der **Kinderhitparade** greift Oliver Strempler zur Gitarre und bringt Kin-
deraugen zum Leuchten: Unter seiner Anleitung wird zu den beliebtesten
Kinderliedern getanzt, gesungen und geklatscht. **Treffpunkt**: Spielnachmit-
tage: Wiese am Minigolfplatz (Dünenstr.); Kinderhitparade: Strandübergang Risgap (■), jeweils 15.00 Uhr. **Alter**: Ab 3 J. **Kosten**: Keine. **Infos**: Tourismus-Service Wenningstedt-Braderup (s. S. 17) und www.strempler.de.

c) Holzworkshops in Wenningstedt-Braderup

In Wenningstedt werden mittlerweile von zwei Anbietern Holzworkshops
angeboten.

Ein Anbieter ist der Tischler und Holzbildhauer Matthias Poppek. In dessen Werkstatt können kleine Handwerker unter professioneller Anleitung das Material Holz und den Umgang mit allen wichtigen Werkzeugen kennen lernen und anschließend eigene Kunstwerke erstellen (z. B. Holzschalen, Tiere, Spiele, Nussknacker und Figuren aus knorrigen Ästen u. s. w.). **Anmeldung erforderlich** (min. 4, max. 8 Ki.). **Adresse**: M.-T.-Buchholz-Stich 6. [■] **Alter**: Ab 6 J. **Zeiten**: In der Saison Mo. u. Do. 14.00-18.00 Uhr. **Kosten**: 55,00 € (4 Std., inkl. Werkzeug und Material). **Tel.**: 0172-4046967. www.holzworkshop-sylt.de

Weitere Kurse werden zudem in den Sommerferien in mobilen Zelt-Werkräumen am Campingplatz und an der Norddörfer Halle angeboten. Die **Kosten** belaufen sich auf 30,00 € pro Tag (am 1. Tag 2 St., am 2. Tag 4. St.). Weitere **Infos** unter 0177-2846631 oder creation2be@web.de.

d) Teeniedance in Kampener Clubs

Im Juli und August öffnen die legendären Kampener Clubs „Rotes Kliff" und „Pony" ihre Pforten am frühen Mittwochabend auch für Kids und Teens. Von 18.00-20.30 Uhr können 10- bis 14-jährige auf der Tanzfläche so richtig abzappeln. Die Eltern dürfen die Kinder zwar bringen und einen kurzen Blick hineinwerfen, anschließend werden sie aber wieder herausgebeten. **Kosten**: 5,00 €. **Infos und Termine**: Kampino Kinder Club (s. S. 85).

e) Sportprogramm und Strandolympiade in List

Während der Sommerferien bietet ein Sportanimateur den jungen Gästen täglich (außer samstags) ein vielseitiges, ausgewogenes **Sportprogramm** für alle **Leistungs- und Altersstufen** an. Bei gutem Wetter findet es an den Stränden statt; bei Regen wird zwischen 10.00 und 12.30 Uhr eine sportliche Kinderanimation in der Sporthalle der ehemaligen Grundschule angeboten. **Treffpunkt und Zeiten**: 11.00-12.30 Uhr Textilstrand, 13.00-14.30 Uhr FKK-Strand und 15.00-16.30 Uhr Oststrand [■]. An den Samstagen im Juli und August findet am Lister Oststrand (auch Kinder-

strand genannt, s. S. 20) eine **Kinderolympiade** statt. In gemischten Gruppen messen sich die Teilnehmer in den unterschiedlichsten Disziplinen. Sportlichkeit ist genauso gefragt wie Wissen, Geschicklichkeit und Kreativität. **Treffpunkt:** Oststrand (Nähe Restaurant „Austernperle"). [■] **Zeiten:** 15.00-17.00 Uhr. Für beide Veranstaltungen gilt: **Kosten:** Keine. **Alter:** Ab 3 J. **Infos: Tel.:** 04651-95200. www.list-sylt.de

VI. Essen mit Kindern

Es gibt wohl selten auf vergleichsweise wenig Raum eine so große Restaurantdichte, insbesondere von Gourmetrestaurants, wie auf Sylt. Dabei kann man das Preisniveau insgesamt sicher als eher gehoben bezeichnen. Gleichwohl gibt es auch auf Sylt familienfreundliche Alternativen. Im Folgenden wird eine kleine Auswahl von Gastronomie-Betrieben vorgestellt, die sich alle dadurch auszeichnen, dass sie ein besonderes Angebot – meist in Form von Spielplätzen, teilweise auch Spielzimmern bzw. -ecken und natürlich entsprechende Speisen – für Kinder bereithalten. In der Hochsaison ist grundsätzlich eine **vorherige Reservierung** zu empfehlen. Zu bedenken ist auch, dass in der Saison oft in zwei „Schichten" gegessen wird, man **Tische also nur für 18.00 oder 20.00/20.30 Uhr** reservieren kann. Wer sich weiter in die Gastro-Szene vertiefen möchte, findet in dem jährlich aktuell erscheinenden Restaurantführer **„Sylt à la Carte"** (12,80 €, Eiland Verlag) viele weitere Informationen, einschließlich eines Auszugs aus den (meist aber auch im Netz einsehbaren) aktuellen Speisekarten.

1. Westerland
a) 49er Aldente im Sylt Aquarium
Im Haus des Sylt Aquariums (s. S. 50) kann man mittlerweile nicht nur Fische bestaunen, sondern auch in familiärer Atmosphäre entspannt essen. Nachdem die Speisekarte zunächst frische Pasta als Schwerpunkt

hatte, werden mittlerweile auch Fisch- und Fleischgerichte sowie Salate etc. angeboten. Für kleinere Kinder gibt es eine abgetrennte Indoor-Spielecke. Für Kinder bis 12 Jahren lockt der neue **Outdoor-Spielplatz** mit Hüpfburg, Bobycar-Bahn und Piratenschiff. Bei entsprechendem Wetter kann man sein Essen auch auf der Strandkorbterrasse genießen und den Kids beim Spielen zusehen. **Adresse**: Gaadt 33. [■] Frühstück von 10-13 Uhr, warme Küche von 12-22 Uhr. **Tel.**: 04651-4609960. www.49er-aldente.de

b) Osteria S52 am Campingplatz Westerland

An den Dünen des Campingplatzes liegt dieses unkomplizierte Familien-Restaurant. Im Sommer gibt es eine große Terrasse und die Kleinen können sich auf dem angrenzenden **Spielplatz** austoben. Aber auch bei schlechtem Wetter bzw. in der kälteren Jahreszeit kommt im Inneren des Restaurants Urlaubs-Feeling auf: Bei der Platzwahl kann man u. a. zwischen in Sand gebetteten Strandkörben, Kino-Sesseln und Flugzeugen wählen. Zudem gibt es eine **Kinderspielecke** mit Büchern und Spielen sowie kostenlosen WLAN-Empfang für die Großen. Die Küche bietet einheimische und italienische Spezialitäten in großzügigen Portionen und zu fairen Preisen. Bei der Pizza „Größenwahn" für bis zu 20 Personen werden Pizzen mit einem Durchmesser von einem halben Meter serviert, bis alle satt sind. Fondue auf Vorbestellung. **Adresse**: Süderstr. 68. [■] **Öffnungszeiten**: Ab 12.00 Uhr, ab Ende Oktober mittwochs Ruhetag, vom 7.1.-1.3. geschl. **Tel.**: 04651-29819. www.osteria-sylt.de

c) Luzifer an der Strandpromenade

Direkt über der Musikmuschel gelegen besticht das Luzifer vor allem durch den schönen **Meeresblick**, den man von vielen Plätzen (drinnen und draußen) hat. Die umfangreiche Karte und die spezielle Kinderkarte bieten für jeden Geschmack und zu jeder Tageszeit ein großes Angebot. So gibt es z.

B. ein **spezielles Kids Frühstück**, bei dem sich die Kleinen heiße Schokolade, Tee oder O-Saft, ein halbes Nutellabrötchen sowie Cornflakes mit Früchten und Milch für taschengeldschonende 3,90 € schmecken lassen können. Gute Preis-Leistungs-Verhältnisse erhält man auch bei den **Buffets**: Mittwochs **Pastamania** mit Salaten, Nudeln und Desserts, donnerstags **Wikinger-Schmaus** mit Salaten, Fisch- und Fleischgerichten sowie Desserts, jeweils ab 18.00 Uhr, sowie das **Familien-Frühstücks-Buffet** mit Showküche an Sonn- und Feiertagen von 9.00 bis 12.00 Uhr (jeweils 14,90 € Erw.; Ki. ab 7 J. 50%). Wenn die Kleinen mal wieder schneller fertig sein sollten als Mama und Papa, können sie sich die Zeit in der **Kinderspielecke** vertreiben, die allerdings nur mit recht wenig Spielzeug ausgestattet ist. **Adresse**: Andreas-Dirks-Str. 10 (oberhalb der Musikmuschel). [■] **Öffnungszeiten**: Ab 9.00 Uhr. **Tel.**: 04651-927722. www.luzifer-sylt.de

d) Ebbe & Food im Dorint Strandresort

In diesem direkt hinter den Dünen an der Himmelsleiter gelegenen **4-Sterne-Haus** sind Luxus und Familienurlaub keine Widersprüche. Bereits der hauseigene **Confetti Kinderclub** (s. S. 84) lässt erkennen, dass Familienfreundlichkeit in diesem Hotel groß geschrieben wird. Aber auch Nichthotelgäste können die Vorzüge des Hauses genießen: Während die Eltern

im **Restaurant Ebbe & Food** gehobene Küche genießen, können die Kleinen in einem separaten, freundlich eingerichteten Zimmer spielen; in der Hauptsaison werden die Kinder dort sogar von 18.30 bis ca. 21.00 Uhr betreut, so dass Mama und Papa komplett entspan-

nen können und nicht gleich aufspringen müssen, wenn der Nachwuchs mit dem Essen fertig ist. Dass es auch eine adäquate Kinderkarte gibt, erstaunt da nicht mehr. Mittwochs ist zusätzlich der **Kinder-Pizzatag**: Die Kinder dürfen sich die Pizza nach eigenen Wünschen selbst belegen (Ki. bis 6 J. frei, danach 7,50 €). **Adresse**: Schützenstraße 20-24. [■] **Öffnungszeiten**: 7.30-24.00 Uhr, Frühstücksbuffet tägl. 7.30-12.00 Uhr, ab 12.30 kl. Snackkarte, von 18.00-22.00 Uhr à la carte. **Tel.**: 04651-8500. www.hotel-sylt-westerland.dorint.com/de

e) McDonalds in der Fußgängerzone

Adresse: Friedrichstr. 36. [■] **Öffnungszeiten**: Tägl. 7.00.-1.00 Uhr. **Tel.**: 04651-927510. www.mcdonalds.de

2. Rantum

a) Sansibar

Was ursprünglich mal als Geheimtipp gehandelt wurde, dürfte mittlerweile dank der deutschlandweiten Produkt- und Medienpräsenz das **bekannteste Restaurant der Insel** sein und ist dementsprechend ganzjährig ausgebucht: Die **Sansibar**. Wer dort abends (entweder von 18.00 bis 20.00 Uhr oder ab 20.00 Uhr) essen möchte, sollte in der Hochsaison Monate im Voraus einen Tisch bestellen. Denn spätestens ab Mai wird man bei der Reservierung darauf hingewiesen, dass bis Ende August alles ausgebucht ist. Als Alternative bietet es sich an, tagsüber oder

Tipp:

Ein besonderes kulinarisches Erlebnis ist das Fondue (Fisch oder Fleisch, ab 2 Pers.), zu dem zahlreiche Salate, köstliche hausgemachte Saucen und frisches Brot serviert werden. Mit 39,00 € zwar kein Schnäppchen, aber frischer und besser sind Fisch und/oder Fleisch kaum zu bekommen.

abends einen Platz auf der Terrasse oder auf den Bierbänken im Sand zu ergattern; aber auch dafür muss man bei gutem Wetter schon eine gewisse Urlaubsentspannung sowie Geduld mitbringen. Hat man allerdings einen schönen Platz erwischt und scheint dazu noch die Sonne, kann man unvergessliche Stunden verleben. Während sich die Großen durch die attraktive Speisekarte (und ggf. auch die 4000 Weine) arbeiten, können sich die Kleinen auf dem hauseigenen Spielplatz austoben. Dort gibt es von der legendären **Bobby-Car-Rennbahn** über eine Seilbahn, diverse Schaukeln und ein Kletterschiff bis hin zum „Rummenigge-Fußball-Käfig" alles, was Kinderherzen begehren. **Adresse**: Hörnumer Straße 80. [■] **Öffnungszeiten**: Ab 10.30 Uhr. **Tel.**: 04651-964646. www.sansibar.de

b) Restaurant Achtern Diek und Restaurant Törn im Dorfhotel

In dieser familienfreundlichen Anlage kann man auch als nicht Hotelgast zwischen dem **A-la-carte-Restaurant Törn** und dem **Buffet-Restaurant Achtern Diek** wählen. Egal wo man sein Essen genießt, die Kleinen können währenddessen im sog. **Leuchtturmzimmer** spielen, welches über eine

Wendeltreppe aus dem Restaurant Achtern Diek zu erreichen ist. Dort werden die Kinder durch eine **freundliche Mitarbeiterin kostenlos betreut** und können sich u. a. über einen Maltisch, eine Rutsche, einen Krabbeltunnel sowie zahlreiches Spielzeug freuen. **Adresse**: Hafenstr. 1a. [■] **Öffnungszeiten**: Restaurant Achtern Diek tägl. außer Mo. 7.30-10.30 Uhr, 12.30-14.00 Uhr u. 17.30-21.00 Uhr; Restaurant Törn ab 12.00 Uhr. **Preise** Achtern Diek: Frühstücksbuffet 17,00 € (Erw.), 9,00 € (Ki. 7-14 J.), Abendbuffet inkl. Tischgetränke 27,00 € (Erw.), 15,00 € (Ki. 7-14 J.). **Tel.**: 04651-46090. www.dorfhotel.com

c) Samoa Seepferdchen

Traumhaft in den Dünen gelegen, bietet dieses Restaurant gehobene, kreative Küche und freundlichen, unkomplizierten Service. Auf der idylli-

schen Strandkorb-Terrasse mit beheizbarem Außenbereich lassen sich im Sommer herrliche Abende verbringen. Die Kinder können sich – je nach Alter - sowohl auf dem hauseigenen Spielplatz als auch am Strand austoben. **Adresse**: Hörnumer Str. 70. [■] **Öffnungszeiten**: Ab 12.00 Uhr, Küche bis 22.00 Uhr. **Tel.**: 04651-5579. www.samoa-seepferdchen.de

3. Wenningstedt-Braderup, Kampen und List

a) Wonnemeyer in Wenningstedt

Das „Café del Mar von Sylt" galt lange als Geheimtipp, mittlerweile ist es ein Anziehungspunkt für Junge und Junggebliebene. Bei cooler **Lounge-Musik** kann man es sich nicht nur auf der schönen Terrasse, sondern im

Sommer auch auf Bänken und Sesseln direkt am Strand bequem machen und sich an der Strandbar mit Caipis oder kühlen Blonden versorgen. Die Musik hat mittlerweile Kultstatus und kann auch auf diversen CDs mit nach Hause genommen werden. Wenn man vorher noch nicht entspannt war, ist man es jedenfalls hinterher, denn die relaxte Atmosphäre überträgt sich einfach. Im etwas höher gelegenen Restaurant hat man tagsüber wie abends einen grandiosen Meerblick. Gekocht wird bevorzugt mit „feinheimischen" regionalen **Bio-Produkten**. Die Kinder können von Ostern bis Herbst (auch unabhängig vom Restaurantbesuch) auf dem tollen **Piratenboot** spielen. **Adresse**: Am Strand Nr. 1 (FKK-Strand Nord). [■] **Öffnungszeiten**: Kiosk ab 11.00 Uhr bis Sonnenuntergang, Restaurant 12.00-22.00 Uhr; im Winter teilweise reduzierte Öffnungszeiten. **Tel.**: 04651-45299. www.wonnemeyer.de

b) Circorante im InselCircus in Wenningstedt

Auf dem Gelände des InselCircus in Wenningstedt-Braderup kann man im Sommer nicht nur auf vielfältige Art und Weise in die Welt des Zirkus eintauchen (s. S. 71 ff.), sondern auch familienfreundliche Gastronomie zu erschwinglichen Preisen genießen. In dem „fliegenden Restaurantbau" sowie auf einer Sonnenterrasse werden Pizza, Pasta, frische regionale Köstlichkeiten sowie – nur abends – ein Familienmenü mit dem Besten aus der Karte serviert. Die Kinder können unterdessen auf dem Karussell oder auf den Hängeschaukeln spielen. **Adresse**: Kampener Weg. [■] **Öffnungszeiten**: Mo.-Fr. 12.30-14.00 Uhr und tägl. ab 17.00 Uhr; **Tel.**: 04651-299399. www.circus-mignon.de

c) Aldente Strandgut 31 am Campingplatz

Dieses am Wenningstedter Campingplatz direkt hinter den Dünen gelegene urig-rustikale Restaurant bietet mit seiner großen und vielfältigen Speisekarte für jeden Geschmack etwas. Neben Pizza, Pasta und Bur-

gern stehen auch zahlreiche köstliche Tapas, asiatische Wok- und mediterrane Fisch- und Fleischgerichte zur Wahl. Für (kleinere) Kinder gibt es eine Spielecke mit „Bällebad" und TV. Bei gutem Wetter können die Kids auf dem angrenzenden Spielplatz toben und die Großen die Sonne auf der Terrasse genießen. Falls man vom Strand kommt, kann man das Restaurant auch vom Übergang Wonnemeyer aus über einen schönen Fußweg durch die Dünen erreichen. **Adresse:** Osetal 3 (Campingplatz), Küche ab 12.00 Uhr. **Tel.:** 04651-936636. www.sylt-aldente.de

d) Sturmhaube in Kampen

Direkt am Roten Kliff gelegen, bietet dieser Gastronomiebetrieb eine attraktive Kombination von verschiedenen Angeboten: Eine **Szenebar** mit Blick auf die Dünen und das Meer, eine großzügige **Terrasse**, ein **Restaurant** und einen **Spielplatz**, der in Erinnerung bleibt: Dort gibt es neben einer Seilbahn, einem Kletterhaus mit Rutsche sowie Schaukeln einen einzigartigen **Bobby-Car-Parcours**, von dem selbst größere Kinder nicht genug bekommen können. Und wer seinen Nachwuchs beim Spielen

gerne im Auge behält, kann es sich in einem der direkt am Spielplatz plat-
zierten Strandkörbe oder auf der etwas höher gelegenen großen Terrasse gemütlich machen. Das Speiseangebot reicht von bodenständig
bis gehoben; tagsüber gibt es günstigere Gerichte, abends kann man
sich auch mehrgängige Menüs und/oder Sushi schmecken lassen. Montags wird zudem ein „Steak und Meer" Buffet (29,50 € Erw.) angeboten
und sonntags von 12.00-17.00 gibt es „Omas Sonntagsbraten satt"
(19,50 € Erw.). **Adresse**: Riperstig 1. [■] **Öffnungszeiten**: Ab 11 Uhr;
Tageskarte von 12.00-17.00, ab 18.00 Abendkarte. **Tel.**: 04651-995940.
www.sturmhaube.de

e) Vogelkoje in Kampen

Wenn man den Ort Kampen schon längst verlassen hat und auf der
Straße Richtung List fährt, kommt bald auf der rechten Seite die Vogelkoje. Dort laden einerseits die historische Vogelkoje (s. S. 61) und an-

dererseits das im Wald gelegene stilvolle Restaurant Vogelkoje zum Verweilen ein. Im Sommer kann man zwischen den Bäumen schon morgens
(z.B. das Kojenfrühstück für ca. 30,00 €) und mittags **exquisite Köstlichkeiten** genießen, während sich die Kinder auf dem angrenzenden
Spielplatz vergnügen. Nachmittags wird auch leckerer Kuchen angeboten
und abends eine attraktive, aber nicht ganz preiswerte Karte. **Adresse**: Lister Straße. [■] **Öffnungszeiten**: In der Saison ab 9.30 Uhr; Abendkarte ab
18.00 Uhr. **Tel.**: 04651-95250. www.vogelkoje.de

f) L.A. Sylt - Lister Austernperle in List

Was wie Großstadt klingt, ist im Winter bzw. bei Regen ein **gemütliches
Strandhaus** in traumhafter Lage am Lister Watt. Im Sommer kann man
auf der schönen Terrasse den tollen Meerblick genießen. Aufgrund der
direkten Strandlage können Mama und Papa auch schon mal allein ei-

nen Kaffee oder Wein trinken, während sich der Nachwuchs am Strand oder auf dem kleinen angrenzenden **Spielplatz** vergnügt. **Adresse:** Mannemorsumtal 33c (Oststrand List). [■] **Öffnungszeiten:** Ab 10.30 Uhr. **Tel.:** 04651- 2999396.

g) Voigts Alte Backstube in List

In diesem kinderfreundlichen Restaurant gibt es alles, was Kinder mögen: Eine große Auswahl an Pfannkuchen (süß und herzhaft), Pellkartoffeln mit leckeren Beilagen, Waffeln, Windbeutel, Kuchen und Eis. Für die Großen stehen zusätzlich frische Salate und hausgemachte Eintöpfe zur Auswahl. Bei gutem Wetter lockt die große Strandkorb-Terrasse, ansonsten der mit stilvollen Antiquitäten eingerichtete Innenbereich. Die Kinder können vor oder nach dem Essen auf dem hauseigenen **Spielplatz** mit Klettergerüst und Rutsche spielen. **Adresse:** Süderhörn 2. [■] **Öffnungszeiten:** Ab 12.00 Uhr; Nov.-März Mi. geschl. **Tel.:** 04651-870512. www.voigts-sylt.de

1. Gruppenbetreuung

a) Villa Kunterbunt in Westerland

In der „Villa" wird ganzjährig Kinderbetreuung durch qualifizierte Erzieherinnen angeboten. In zwei großen und hellen Räumen finden die Kids alles, was ihr Herz begehrt: Unzähliges Spielzeug, eine große Auswahl an Gemeinschaftsspielen, Bobby-Cars, Maltische etc. In der Zeit von 11.00

bis 14.00 Uhr werden attraktive **Sonderaktionen** angeboten. Dazu zählen z. B. Sylt Ahoi, Star Wars, Topmodels, Piratenversteck, Dschungelcamp, kleine Hexenschule, Schmuck-Werkstatt und Wikinger. Bei letzterem werden u. a. Geschichten gelesen, Wikingerbärte geschminkt und der Wikingerschlachtruf geübt, für den man gemeinsam ein Schwert mit eigenem Wikinger-Namen bastelt. Am 31. Dezember gibt es zudem eine Silvesterparty mit vielen Überraschungen. **Anmeldung (spätestens einen Tag vorher bis 12.00 Uhr) erforderlich. Adresse**: Obere Strandpromenade (neben der Sylter Welle und dem Spielplatz). [■] **Alter**: 3-13 J. **Kosten**: 12,00 € (3 Std., jede weitere St. 4,00 €); die 3-stündigen Sonderaktionen zwischen 22,00 € und 25,00 €. **Öffnungszeiten**: Nov.-April Mo.-Fr. 9.30-15.00 Uhr; Mai-Okt. 9.00-17.00 Uhr. **Tel.**: 04651-998275. www.insel-sylt.de/villa-kunterbunt

Tipp:

Da die Kinder bei den während der Mittagszeit laufenden Sonderaktionen keine Verpflegung erhalten, empfiehlt es sich, ihnen etwas zu Essen und zu Trinken mitzugeben. Wer mit dem Auto kommt, parkt am besten auf dem Parkplatz in der Dr.-Nicolas-Straße. Von dort führt ein direkter Weg in die Villa Kunterbunt (bitte klingeln). Das Parkticket kann man an einem Schalter im Erdgeschoss des Syltness Centers abstempeln lassen, dann muss man keine Parkgebühr bezahlen.

b) Confetti Kinderclub in Westerland

Dieser an 365 Tagen im Jahr geöffnete Kinderclub gehört zu dem gegenüber gelegenen Hotel Dorint Strandresort & Spa (s. S. 77). Aber auch externe Kinder sind herzlich willkommen und können an dem **abwechslungsreichen Programm** teilnehmen. Geboten werden z.B. Schmuckworkshops mit Muscheln, Aqua-Fun (nur für Schwimmer), Schokoladenseminar, Kinderbowling, Bogenschießen, Minigolf, lustige Tanzspiele, spannende Schatzsuche, Mini-Cross, Malwettbewerb, Kinderschminken, Ponyreiten, Zuckerwatte herstellen etc. In der Regel werden im Confetti 3 verschiedene Events pro Tag sowie Verpflegung angeboten. Die Angebote sind dabei sowohl einzeln als auch beliebig kombiniert buchbar und teilweise anmeldepflichtig. Den jeweils aktuellen Wochenplan erhält man im Kinderclub. **Adresse**: Schützenstr. 20-24 (neben dem Sylt Aquarium). [🟨] **Alter**: Ab 3 J. **Kosten**: 6,00 € (1 Std.), 10,00 € (2 Std.) u.s.w. Aktionen und Ausflüge kosten zusätzlich von 6,00 € (z.B. Kreativwerkstatt) bis 15,00 € (z.B. Schokoladenseminar). Auf Wunsch kann auch (mit einer Anmeldung bis 11.30 Uhr) ein Mittagessen für 6,50 € dazugebucht werden;

für eine Pauschale von 3,00 € pro Tag können sich die Kleinen zudem so oft sie mögen an der Saftbar bedienen. **Öffnungszeiten**: 10.00-17.00 Uhr, während der Sommerferien 10.00-18.00 Uhr. **Tel.**: 04651-850444.

c) Kampino Kinderclub in Kampen

Während der Hochsaison bietet der Tourismus-Service in seinem Haus in Kampen eine qualifizierte Kinderbetreuung für maximal 20 Kinder an, die grundsätzlich von allen Kindern der Insel, also unabhängig vom Ort der Unterkunft, in Anspruch genommen werden kann. Geboten werden z. B. **Teenie-Dance** (in den Kult-Clubs Rotes Kliff und Pony), **Pizzabäckerei, Bogenschießen und Spaß am Strand**. Das aktuelle Programm wird jeweils in einem Wochenplan dargestellt, der ab Anfang Juni im Web einsehbar ist. Ab diesem Zeitpunkt werden Anmeldungen entgegengenommen; aufgrund der begrenzten Kapazitäten ist eine **frühzeitige Anmeldung zu empfehlen**. Dabei ist es auch möglich, die Kinder nur für

einzelne Programmpunkte bzw. halbe Tage etc. anzumelden. Ein Mittagessen wird nicht angeboten. **Adresse**: Hauptstr. 12. [⬛] **Alter**: 3-13 J. **Kosten**: 15,00 € (pro Programmpunkt), 5er Karte 60,00 €, 10er Karte 110,00 €. **Öffnungszeiten**: Sommerferien Mo.-Fr. 10.00-13.00 u. 15.00-17.00 Uhr. **Infos**: Tourismus-Service Kampen (s. S. 17).

2. Einzelbetreuung (Babysitterservices)

Wer sich mal einen schönen Abend ohne Kinder gönnen möchte, kann auf mehrere Babysitterservices zurückgreifen. Nach telefonischer Vereinbarung kommen die Babysitter in Ihr Feriendomizil in jeden Ort der Insel. Die Anbieter treten dabei als Vermittler auf, d. h. konkrete Vereinbarungen (Preis, Zeiten, Ort etc.) werden mit den Babysittern direkt ausgemacht. An

Kosten fallen durchschnittlich 10,00 € bis 15,00 € pro Std. an. Folgende Organisationen bieten entsprechenden Service an: Agentur Confetti Westerland (s .S. 84), Villa Kunterbunt (s. S. 84), die Sylt-Agentin Mandy Lier (Tel: 04651-3509567, www.sylt-agentin.de) sowie die Tourismus-Services Kampen (auf www.kampen.de gibt es unter Kampino Kinderclub eine Liste mit Babysittern zum downloaden) und Wenningstedt-Braderup (s. S. 17).

VIII. Sonstiges

1. Einkaufen

a) Lebensmittel-, Bio- und Drogeriemärkte

Anders als noch vor einigen Jahren sind mittlerweile auch die großen Discounter auf der Insel vertreten: **Aldi** in Westerland (Keitumer Landstr. 21, Mo.-Sa. 8.00-20.00 Uhr) und **Lidl** in Tinnum (Kiarway 18, Mo.-Sa.7.00-21.00 Uhr), in der Saison jeweils auch So. 11.00-19.00 Uhr. Für den Großeinkauf eignen sich auch **Famila** oder **Sky** in Westerland (Industrieweg 1 bzw. 13, Öffnungszeiten wie Aldi). Wer weniger auf das Geld schaut und dafür mehr Wert auf exklusive Produkte legt, ist bei **Feinkost Meyer** in Wenningstedt (Osterweg 1, Mo.-Sa. 8.30-19.30 Uhr) gut aufgehoben. Wenn die Windeln ausgegangen sind oder vor lauter Seeluft der Hunger auf Babygläschen gestiegen ist, findet man bei **Rossmann** in Westerland (Kirchenweg 1, Mo.-Fr. 8.30-20.00 Uhr, Sa. 8.30-18.00 Uhr) und bei **Budnikowski** in Wenningstedt (Osterweg 2, Mo.-Sa. 8.30-19.00 Uhr) das bekannte Angebot.
Eine tolle Auswahl an frischem Obst und Gemüse aus der Region sowie selbst gebackenes Brot und Kuchen in bester **Bio-Qualität** findet man im **Körnerladen** in Braderup, dem nördlichsten Naturkostladen Deutschlands (M.-T.-Buchholz-Stich 8, Mo.-Fr. 9.00-18.30 (Sommer) bzw. bis 17.00 Uhr (Winter), Sa. 9.00-13.00 Uhr). Die getätigten Einkäufe werden auf Wunsch kostenlos ins Feriendomizil geliefert. Auf einer kleinen **Terrasse** des angrenzenden **Café Köla** kann man im Sommer auch Kuchen, Brötchen, Kaffee und frische Säfte direkt vor Ort genießen.

b) Spielsachen

Schönes Holzspielzeug gibt es bei **Harlekin** in Westerland (s. S. 16). Eine vergleichsweise große Auswahl an kommerziellem Spielzeug bietet das Technikkaufhaus **H. B. Jensen** in Westerland (Maybachstr. 10, Tel. 04651-825581, Mo.-Sa. 9.30-18.00 Uhr, www.hbjensen.de).

c) Kindermode

Die größte Auswahl an Kindermoden ist in Westerland zu finden. Dort gibt es z. B. das **Babyhaus Sylt** (Kjeirstr. 17b, Tel. 04651-8892977), den **Inselkind Shop** (Stephanstr.8, Tel. 04651-4467977, www.inselkind.com), das **Kiki Outlet** (Strandstr. 33, Tel. 04651-8891802), das **Kids House by Kiki** (Neue Straße 1, Tel. 04651-8898188) sowie die **Kiki Kindermoden** (Strandstr. 11, Tel.: 04651/8364164). Im **Rock´n Roll** (Wilhelmstr. 5, Tel. 04651-886691, www.rocknroll-kindermoden.de) wird Mode für Babys, Kids, Mamas und Papas angeboten. Wer es exklusiv mag, kann in Kampen bei **Donna & Lottchen** (Hauptstr. 2, Tel. 04651-8362403, www.donna-lottchen.de) und bei **Kiki Baby- und Kinderträume** (Alte Dorfstr. 4, Tel. 04651-2999767, www.kiki-kindermoden.de) fündig werden.

2. Kinderärztliche und -therapeutische Versorgung

Die **Kinderärzte** auf der Insel sind Dr. Marlies **Techau** (Tinnumer Str. 5 in Tinnum, Tel. 04651-3452), sowie die Privatpraxen Dr. Uwe **Steffens** (Osetal 7 in Wenningstedt, Tel. 04651-446818) und Dr. Kathrin **Klint** (Osetal 7 in Wenningstedt, Tel. 04651-8897906).

Erfahren und kompetent im Umgang mit Kindern ist zudem die Badeärztin Dr. Anna **Konle** im Syltness Center in Westerland (Dr.-Nicolas-Str. 3, Tel. 04651-929792). Der **Notarzt** ist unter 05651-6666 erreichbar.

Wer auch im Urlaub nicht auf **Ergotherapie** verzichten oder die Ferien für einen „Intensivkurs" nutzen möchte, findet bei der Ergotherapeutischen Praxis (Ingewai 3b in Tinnum, Tel. 04651-8892836) freundliche und kompetente Ansprechpartner.

3. Kino

In 4 Sälen zeigt die Kinowelt in Westerland täglich eine große Auswahl an aktuellen Filmen. Nachmittags gibt es extra Kindervorstellungen. Das aktuelle Programm wird in der Tagespresse veröffentlicht und ist zudem im Kino direkt sowie im Internet zu erfahren. Montags ist Kinotag mit vergünstigten Eintrittspreisen. **Adresse**: Strandstr. 9. [■] **Preise:** Ab 7,00 € vor 16.00 Uhr; ansonsten ab 9,00 €, Kinder unter 12 J. zahlen zu allen Zeiten pauschal 6,00 € und Jugendliche unter 18 Jahren 7,00 €. **Tel.**: 04651-836220. www.kinowelt-sylt.de

4. Sylt Bücher für Kinder

Für junge Leseratten gibt es mittlerweile zahlreiche Werke, mit denen man schon zu Hause die Vorfreude steigern oder nach dem Urlaub in Erinnerungen schwelgen kann. Für die Kleinen ist das Werk „**Mein Insel-**

Wimmelbuch Sylt" (14,95 €) von Magdalene Hanke-Basfeld mit vielen schönen Wimmel-Bildern zu empfehlen. In dem Buch „**Meine Sansibar: Bachems Wimmelbilder**" (14,95 €) können schon die Kleinsten auf die Suche nach Stars und Sternchen gehen und zugleich erwachsene Sansibar-Fans zum Schmunzeln gebracht werden. Für 3- bis 6-Jährige eignet sich das besonders authentische und sehr schön illustrierte Werk „**Bärenstarke Ferien auf Sylt**" (9,80 €) von Susanne Adam von Haken. Dort

kann man zusammen mit der Bärenfamilie viele Highlights der Insel abklappern und einen typischen Sylturlaub nachempfinden.

Das 2015 erschienene „**Große Syltbuch für Kinder**" (12,99 €) ist ein Mitmach-Buch für Kinder im Vorschul- und Grundschulalter. Es kann gezeichnet, gerätselt, gebastelt und gespielt werden. In dem Buch „**Ein Nilpferd auf Sylt - ein Bilderbuch**" (14,90 €) wird von einem auf einer Insel gestrandeten Nilpferd erzählt; die Geschichte hat jedoch wenig mit den Besonderheiten von Sylt zu tun. 5- bis 7-jährige Kinder erfahren in „**Emily und Jimmy: eine Freundschaft auf Sylt**" (9,90 €) von Sabine Niemeyer etwas über eine Freundschaft zwischen einem Sylter Mädchen und einer Möwe. Für junge Abenteurer ab 7 Jahren vermittelt „**Seeräuber vor Sylt!: Ein Abenteuer aus der Welt der Nordseepiraten**" (8,95 €) von Cornelia Franz einen Eindruck von der Insel im 15. Jahrhundert.

Zum Kauf von Büchern auf Sylt sind aufgrund der guten Auswahl und der kompetenten Beratung in Westerland u. a. das **Buchhaus Voss** (Friedrichstr. 27, Tel. 04651-8356252) und die **Badebuchandlung** (Friedrichstr. 7, Tel. 04651-9364709) sowie in Keitum die **Büchertruhe** (Am Tipkenhoog 3, Tel. 04651- 32447) zu empfehlen.

List

Kampen

Wenningstedt

Westerland
Tinnum

Keitum

Archsum

Morsum

Rantum

5 km

Hörnum

stepmap.de